CLIMA DESIGN
クリマデザイン
新しい環境文化のかたち

村上周三＋小泉雅生
クリマデザイン研究会　編著

鹿島出版会

はじめに

　オフィス、住宅、交通機関を問わず、暖房、冷房のサービスのない空間に出会うことは稀になった。人工環境調整技術は我々の日常生活に大きな恩恵を提供している。一方で、人工環境の過剰な利用がもたらす副作用としての弊害も認識されるようになった。便利で快適な消費生活が生活習慣病につながる状況に似ている。このような反省に立って、本書は過剰な人工環境サービスを見直すことの必要性を述べている。

　人間も動物も植物も、自身の生活圏で、概日リズム、概年リズムの下に独自のやり方で自然環境に適応している。過度の人工環境化は外部の自然を遮断することにつながり、自然が提供している豊かな恩恵に接する機会を奪う結果となりがちである。「クリマデザイン」は、自然環境と人工環境の関係を再構築し、より豊かな環境を計画するための理念として提案されている。

大量消費型文明がもたらした地球環境問題はその深刻さを増す一方である。スリムでスマートな脱物質型文明への転換が求められている。日本人は古来、「足るを知る」、すなわち知足の生活倫理の下に、つつましいながらも豊かな生活環境を実現してきた。「環境文化」は、過剰な消費を控えて自然環境との共生を図るための環境計画の基本理念を示すものである。

本書は4章から構成されており、クリマデザインと環境文化の思想や具体的事例について紹介している。人工環境に適応が難しい動物や植物のような、環境弱者に視点を当てていることも本書の主張に沿うものである。

クリマデザインと環境文化という理念の下に、本書が温熱環境計画の分野に新しい価値を提示し、環境開発のニューフロンティアを開拓するための一助となることができれば幸いであると考える。

村上周三

4	はじめに

環境文化とクリマデザイン

10	環境文化とクリマデザイン　村上周三

18 CONVERSATION
モンスーン日本の快適性・健康性を求めて
村上周三・隈研吾・平山武久（司会）

26 バウビオロギーから環境共生住宅へ
クリマデザインの思想と実践として
岩村和夫

今、なぜクリマデザインなのか

42 静かな環境制御とクリマデザインの可能性
小泉雅生

56 気候・風土とクリマデザイン　金子尚志

73 環境としての建築を求めて
環境制御におけるエネルギー利用の流れ
伊藤教子

90 ラジエーターの進化と求められる室内気候
ハンス・ピーター・ツェンダー

生きているヒト・モノと
クリマデザイン

94 クリマデザインと放射環境
温もり・涼しさを人体エクセルギー消費から解く
斉藤雅也

102 クリマデザインにみる断熱・蓄熱の効用
斉藤雅也

110 INTERVIEW
代謝のリズムをいかにつくるか
円山動物園における両生・爬虫類のための環境づくり
本田直也・斉藤雅也

118 INTERVIEW
環境のシークエンスを演出する
カフェバーにおける外から内に導くクリマデザイン
北田たくみ

126 アジア蒸暑地域におけるクリマデザインの展開
ベトナムの事例を中心に
岩元真明

134 INTERVIEW
野菜が喜ぶ店舗環境をつくる
「錦　かね松」の放射冷房
上田耕司

140 船荷倉庫を商業施設に変えたクリマデザイン
ONOMICHI U2にみるコンバージョン
荻原廣高

148 INTERVIEW
美容と健康から空気質を考える
菅沼薫・川上裕司

154 クリマデザインと健康　西沢邦浩

162 INTERVIEW
車いす建築士からみた温熱環境
環境弱者のためのユニバーサルデザイン
阿部一雄

環境文化を創造する
企業理念としてのクリマデザイン

168 INTERVIEW
三つのピーエスの活動空間にみるクリマデザイン
札幌工場・IDIC・オランジュリ
平山武久

184 ピーエスの理念を支えるクリマデザイン
平山武久

189 あとがき

環境文化と
クリマデザイン

環境文化とクリマデザイン

村上周三　MURAKAMI Shuzo

足るを知る「環境文化」

　「文化（Culture）」という言葉の原点はラテン語にある。ラテン語で文化とは「耕す」という意味である。農業を意味するアグリカルチャー（Agri-culture）の「カルチャー」に、この原義が残っている。ちなみに、「Agri」とは field（平地）を意味する。「カルチャ＝耕す」の背景として、それ以前の収奪型の粗放農業から持続可能型の管理された農業への転換という、当時の文明化の方向を指摘することができる。

　その後、近世ヨーロッパで、「カルチャー」という言葉は精神や知性の「洗練」という人文科学分野の意味に転化してきた。これはルネッサンスや宗教改革以降の人間性開放という当時の文明思潮を反映したものといえる。洗練された人を「Cultivated された人」というように表現した。

　ここで「環境文化」という言葉は、上述の文化という言葉の歴史に沿って使用されている。環境に対する接し方において、従来のような収奪型の環境経営から、より洗練された持続可能な環境経営への転換を指し示す意味で用いている。このような環境リテラシーは我々のライフスタイルや居住環境計画にも適用されるべきものである。資源・エネルギー多消費型の環境調整でなく、より環境負荷の少ない自然環境と親和する調整手法に向かわなくてはならない。古来日本人は、「知足」という言葉で環境文化の叡智を養ってきた。「足るを知る」生活倫理に通じる建築計画の手法をここでは「クリマデザイン」と呼ぶ。

大量消費文明と地球環境問題

　人間の活動は様々な形で生態系に影響を与える。この影響は「環境負荷」と呼ばれるが、これは一般に生態系サービスの劣化をもたらし、そのネガティブな影響は広く社会に及ぶ。経済学ではこれを「外部不経済」[1]と呼ぶ。建設分野は大量の資源を消費し、大量の廃材を生み出しており、外部不経済をもたらす代表的産業の一つといえる。建築関係者がこの面

＊1——「外部不経済」とは経済主体が市場の外部で他の経済主体にマイナスの影響を与えること。たとえば自動車の排ガスが大気を汚染し、住民の健康に影響を与えることは外部不経済といえる。「内部化」とはマイナスの影響を市場に組み込むことをいう。自動車の排ガスを抑制するためになんらかの方法を自動車メーカーに義務づけ、それを価格に上乗せした場合、それは「外部不経済の内部化」となる。

で果たすべき貢献の余地は大きい。

　地球環境の劣化に無神経な生産活動は「垂れ流し」と呼ばれる。結果的に環境資源の劣化をもたらすという意味で環境収奪型といって差し支えなく、前述の環境文化の考え方と対極の位置にある。有史以来人間の生産活動は垂れ流し的であったが、つつましい消費経済であったためそれが特に問題視されることは少なかった。建築分野の生産活動においても、50〜60年前までは垂れ流し型の行動パターンが珍しくなかった。地球の環境容量に対して人口や生産活動の規模が相対的に小さい間は、垂れ流しによる地球環境の劣化が顕在化することが少なく、もっぱら経済効率が優先的価値とされてきた。

　地球環境問題がグローバルスケールで顕在化したのは、20世紀終盤にアメリカ型の大量生産・大量消費文明が広く先進国に普及するようになってからである。すなわち地球の環境容量が飽和して、地球環境問題が顕在化したということである。大量の資源・エネルギーを消費するこのような文明は、栄養の過剰摂取で肥満に悩む生活習慣病患者を連想させる。

　地球環境問題の最も大規模で深刻なものが地球温暖化である。人類をあげての低炭素化運動は、温暖化という外部不経済を経済の内部に取り込んで環境負荷を減少させようとするもので、環境文化の基盤を構成する考え方である。グローバルなスケールで外部不経済を内部化することは、生産システムやライフスタイルを根本から見直すことになる。建築分野も例外ではない。クリマデザインの考え方は、建築環境計画における環境負荷削減の考え方を基本的理念に立ち帰って見直そうというものである。

スマート＆スリムな文明に向けた価値観の転換

　外部不経済を内部化するためには環境負荷を削減しなければならない。ではどうすれば環境負荷を削減することができるか？

　前述のように多くの環境問題の根源を探ると、20世紀型の大量消費文明のパラダイムに

行き着く。すなわち、大量消費文明からのパラダイムシフトが環境負荷削減に対する有効な回答ということになる。20世紀文明においては大量消費に代表される物質的豊かさが支配的な価値観であった。先進国だけとはいえ、貧しさからの脱却が国のスケールで実現されたのは人類史上初の快挙であったのである。そのパラダイムが行き詰まった現在、我々は物質的豊かさに代わる新たな価値観を見出さなければならない。

　環境計画の基本は、環境負荷の削減だけでなく、同時に環境品質の向上を図ることである。大量消費が提供するサービスとは異なる新たな豊かさは、新たな価値観の下でなければ達成できない。負荷削減と品質向上の両者を達成するためのパラダイムシフトとして、ドイツのワイツゼッカー＊2などにより「脱物質文明」への転換が提案されてきた。ワイツゼッカーは「ファクター4」[参考文献1]という指標を提案し、「インプットとしての資源消費」に対する「アウトプットとしての環境品質」として定義される環境効率を4倍高めようという運動を展開した。20世紀の物質信奉文明からの脱却を方向づけた先駆的取組みの一つである。冒頭に述べた「知足」に通じる考え方で、筆者はこれを「文明のスマート＆スリム化」とも呼んでいる[参考文献2]。スマート＆スリムは、前述の生活習慣病の治療に通じる言葉である。

　建築分野でも大量消費に過剰な価値を置く理念に代わって、スマート＆スリムの観点から建築計画を基本から見直すことが求められている。見直しを実施するためには、脱物質化に向けた建築に関わる価値観の転換が必要である。価値観転換の方法は様々である。「知足」の実践はそのまま価値観の転換に通じる。本書で提案する「クリマデザイン」も価値観転換の一つの提案である。わかりやすい事例として、生活習慣病を宣告された患者が心機一転して生活習慣の見直しに励む姿をイメージしてほしい。筆者自身の体験では、世界のバナキュラー住宅（地域固有の伝統的住宅）の環境性能を調べた時、少ない環境負荷で高い品質を達成しているその環境効率の高さに驚き、技術依存の価値観を見直したという事例を挙げることができる。

＊2──エルンスト・ウルリッヒ・フォン・ワイツゼッカー（1939〜）。化学・物理・生物学を専攻。カッセル大学初代学長。ローマクラブ会員。エイモリー・ロビンス、ハンター・ロビンスとの共著『ファクター4　豊かさを2倍に、資源消費を半分に』は10カ国以上で翻訳され、地球環境政策に大きな指針を与えた。

価値観転換の特に重要な要因として、インターネットを基盤とするネットワーク社会の進展を指摘することができる。ICT を利用する資源・エネルギー消費に依存しない様々な新しいサービスが提供されるようになった現在、建築分野においてもハード、ソフトの両側面から価値観の転換を進める良い機会が到来しているといえる。

クリマデザイン

　20 世紀の工業化文明のパラダイムの下で、建築環境計画は機械による制御や化石エネルギー利用による人工環境の恩恵を素朴に信奉してきた。信奉に値するような絶大な恩恵をもたらしたものとして、暑熱地域における冷房技術のような成功事例を挙げることができる。その結果、機械とエネルギーに依存して人工的に環境調整する技術や思想が一般的なものとなり、寒暖・晴雨・昼夜などの外部環境の変化に影響されず、屋内を一定の設計目標に維持することが価値の高いこととみなされるようになった。アメリカのグローバル企業のオフィスの屋内環境は、北米に立地する場合もアフリカに立地する場合も、年間を通して室温25℃、湿度 50％に維持されていると伝説的に語られてきた。この背景として、均質を善とする近代の工業化文明の思潮を見ることができる。しかしこのような建築計画には副作用も多く、ある意味で大量消費文明と同様の壁に直面している部分もあり、機械制御に過度に依存する環境調整手法の限界が指摘されるようになった。

　外部環境を過度に遮断することには欠陥も多い。自然環境が提供している多様な恩恵に接する機会を生活から奪ってしまうからである。本来人間は、様々に変化する四季の自然に感応しながら、健全で豊かな日常生活を楽しんできたのである。そもそも人体生理にはサーカディアンリズム（概日リズム）＊3 があり、変化する外部環境と感応する構造になっている。ある場合には、屋外・屋内を問わず適度に変化する環境にこそ価値がある。

　行き過ぎた人工環境化に対する広い意味での反省は、大量消費文明に対するカウンターカ

＊3――サーカディアンリズムとは、動物や植物などほとんどの生物に存在している約24時間周期で変動する生理現象。一般的には「体内時計」などといわれる。脳波、ホルモン分泌、細胞の再生、その他の多くの生命活動には明確なサーカディアンリズムが存在していることが知られている。

ルチャーのかたちで第二次大戦後に時々現れている。例えばドイツでは、「バウビオロギー」（建築生物学）[参考文献3]と呼ばれる建築運動として展開されており、現代ハイテク環境がもたらすリスクを「エコロジカルな闇」、「環境病理」などの言葉で表現している。本書で提案するクリマデザインの考え方もドイツの先例に触発されたものである。クリマはドイツ語で英語のClimate（気候）に対応するが、ここで「クリマ」には自然環境のみならず歴史・文化・風土を踏まえて形成される屋内気候を含めた幅広い意味が与えられている。

　本稿で述べている反省が従来と異なる点は、地球環境問題の深刻化を受けてスマート＆スリムな文明に向けた価値観の転換と、それに沿った新たな建築計画の手法確立の必要性を提案していることである。これを具体化するためには、四季の自然と建築環境との関係を見直し、何が豊かで何が健全であるかを改めて見極める必要がある。冒頭で述べたように、日本人は長い歴史の中で、戦後の大量消費文明の短い時期を除いて、「知足」という考え方で環境文化の考え方を実践してきたのである。

　現在の建築分野の最大の課題の一つは、省エネ等に代表される低炭素化である。しかし建築活動が発生する外部不経済はCO_2排出だけではない。それは大気・水・生物多様性など生態系全体に及ぶ。建築活動はあらゆる自然環境因子と親和しなければならない。スマート＆スリムの追求という新たな価値観の下で、変化する自然環境との多様な親和的関係を探るデザイン手法をここでは「クリマデザイン」と呼ぶ。クリマデザインの考え方の下に、新しい価値、新しい建築環境を生み出すことが求められている。

環境弱者

　スポーツの分野では、オリンピックとパラリンピックはほとんど同列に扱われる時代になった。公共的空間ではバリアフリーが法令化されている。ユニバーサルデザインは建築計画の分野における規範的理念の一つとなった。環境計画においても、弱者に対する配慮の時

代を迎えている。弱者に対するいたわりは環境文化の一つのバロメーターである。

　20世紀、世界に普及した米国発の空気調和技術は、健常者が滞在するオフィスに広く適用され、その効率向上に貢献してきた。しかし人工環境がオフィスだけでなく住宅・交通機関を含め広く普及した現在、その計画においては当然健常者以外の人や生き物にも関心を払うべきである。すなわち人工環境における弱者に対する配慮である。

　暑がり、寒がりに見られるように環境に適応できる範囲は人によって異なる。変動する環境の影響を受けやすい人、適応範囲が非常に狭い人などが環境弱者の典型例として指摘される。交通事故で脊椎に障害を持つ人は温熱環境に極端に敏感で、健常者を前提にした環境で人知れぬ苦労を重ねているという。さらに環境弱者には、人間だけでなく人工環境を強制される動物や植物などの生き物も加えるべきである。動物園の爬虫類や店舗の野菜・刺身のような食品など、環境に非常に敏感な生き物が存在する。料理好きの主婦は、温風暖房のダイニングでは刺身が傷みやすいが、放射暖房の場合では傷みにくいと述べている。環境弱者問題の発生の背景には、未熟な環境調整技術、過剰な人工環境化、制御対象としての生き物の生態に対する無知などが指摘される。

　人間の環境弱者問題を考える時、爬虫類や野菜に適した環境調整のあり方を知ることは大きなヒントになる。人間や動物、植物と自然の気候や環境との関わりは根源的なものである。自身の生活圏で、概日リズム、概年リズムの下に独自のやり方で自然環境に適応してきた。朝露の付かない環境では草花は生きていけない。現在広く普及した人工環境は自然への適応システムを大きく狂わせている。そして現状の十分に制御された人工環境が、人や植物や動物の生活や健康にとって本当に適切な環境であるかどうかについて深刻な疑問が出されるようになった。ぜいたくで便利な消費生活が生活習慣病の原因になる状況と似ている。それは人工環境が提供できる環境品質の限界に気づき、自然環境と人工環境との関係を見直すことにつながる。結果として人工環境下での環境弱者問題を顕在化させる。

環境弱者問題を組み込んだ温熱環境とは如何なるものか。環境調整の本質に関わる課題である。それは一定に制御された人工的環境に向かうものでなく、生き物が本来持っている自然のリズムも考慮に入れた環境を目指すものである。当然のことであるが、環境弱者に配慮する温熱環境の計画は通常のものより難しい。しかしこのチャレンジが、新たな環境計画の領域を拓き、健常者に対しても新たな環境価値を提供することになる。健常者といえども潜在的な環境弱者であることが多い。バリアフリーは健常な高齢者にとってもありがたいことなのである。

　本書で唱えるクリマデザインや環境文化という言葉には、環境弱者問題を温熱環境デザインの基本理念の一つに加えたいという意図が込められている。人工環境に過度に依存しがちな我々の生活を見直し、自然との接触をより密にする環境文化を通して、環境の豊かさに関するパラダイムシフトを実現したいと考える。これにより、20世紀の大量生産・大量消費型の文明がもたらした人工環境礼賛のパラダイムを克服し、サステナブル社会にふさわしい脱物質型の温熱環境計画のニューフロンティアが開拓されることを期待する。

　現代文明は大量の外部不経済を生態系にもたらしている。これを内部化し、環境負荷の増加を伴わずに環境品質の向上を図る思想や環境への接し方を「環境文化」と呼ぶ。建築分野においても、環境文化の考え方の下に自然環境との関わり方を見直し、機械やエネルギーに過度に依存しない新しい環境デザイン手法の開発が求められている。これは建築計画分野におけるニューフロンティアを開拓するもので、新しい価値を生むことにつながる。本書ではこれを建築計画において実践するための具体的方策として、クリマデザインの考え方を提案している。その体系は現時点で確立されているわけではない。本書では、実例を交えながらクリマデザインのあり方の現状と将来を展望する。

参考文献

1　『ファクター4』エルンスト・U・フォン・ワイツゼッカー、エイモリー・B・ロビンス、
　　L・ハンター・ロビンス著　佐々木建訳　省エネルギーセンター、1998年
2　『スマート＆スリム未来都市構想』村上周三著、エネルギーフォーラム、2012年
3　『バウビオロギーという思想』アントン・シュナイダー著、石川恒夫訳、建築資料研究社、2003年

CONVERSATION

モンスーン日本の
快適性・健康性を求めて

村上周三　MURAKAMI Shuzo
隈 研吾　KUMA Kengo
平山武久　HIRAYAMA Takehisa （司会）

今、健康は建築の大きなテーマである。しかし、建築において健康に関心が持たれたのは、これが最初ではない。
モダニズム建築以降、健康は繰り返し建築のテーマとなってきた。
モンスーン日本の快適性と健康性を求めて、われわれは室内気候をどのように考えていけばよいのだろうか。

20世紀のアメリカンスタイルを見直す

村上　人類の進化の過程を振り返りますと、暖房は焚き火から始まり、手を火にかざして暖をとっていました。それに対して、最近の暖房はアメリカ式の温風を部屋全体に供給するもので、私はそれほど質の高い環境制御であるとは思っていません。暖めた空気を動かしていますが、熱を移動させることと空気を動かすことは必ずしも一緒にして考える必要はないはずです。暖房は放射で、換気は独立して行うという全く別の考え方があり、このほうが環境制御の原点からは合理的であると思っています。ヨーロッパでは伝統的にこの方式が好まれています。

　歴史的に見れば、冷房はヨーロッパでは使用されなくて、専らアメリカで発達してきたものです。繰り返しになりますが、アメリカの空調は空気を動かす文化 [Figure 1]。本来、熱移動と空気移動は無関係でいいはずですが、この方式では必然

的に一緒になってきます。これを当然であると考える姿勢に、やや疑問を感じていました。その例として、敏感な人が冷房による冷たい風に当たると不快に感じるドラフトの問題があります。

　放射冷房では冷房と換気を別々に行い、空気清浄のコントロールを独立に行うことができます。そして空気を動かさずに快適な環境をつくっています。送風機の騒音の問題からも解放されやすい。その意味ではたいへん質が良く快適です。

　成熟社会に達した日本では、大量消費文明を克服して、これからいかに質の高い屋内環境をデザインするかという模索が必要となります。質の高い屋内環境といってもそのあり方は多面的ですから、一つの環境を選んでこれが質の高さだと断言することはできませんが、放射冷房・放射暖房は室内環境の質の向上に貢献する重要な要素技術であると思います。

隈　20世紀の近代建築は、ル・コルビュジエや

ミース・ファン・デル・ローエといったヨーロッパの建築家が理念の面ではリードしていました。しかし、実質はその後アメリカがアメリカ流の技術を世界に広め、アメリカ流の近代建築を世界標準としてやってきた気がします。

今、私たちがそれを当たり前と感じているオフィスや住まいのあり方は、実はアメリカの20世紀のスタイルであって、ある限定された時代の、ある限定された場所の荒っぽい特殊解であったのではと思うのです。やっと今になって冷静に、その技術のマイナス面の評価ができるようになってきた。

村上　隈さんの意見に賛成で、戦後の日本はアメリカ流のやや素朴で荒っぽい環境調整モデルを実践してきましたが、成熟社会の日本ではそれが決して一方的に良いものではないと思います。

隈　デザインも含めて、アメリカの影響は強いです。まず、アーバンデザインがアメリカ流だった。都市の中に集中的にオフィスを設け、郊外の一戸建てに人間を住まわす [Figure 2]。日本人の私たちも、庭付き一戸建てが基本的なスタイルだと思っているけれど、これは第一次大戦後のアメリカが、住宅ローン制度などによって誘導していったモデルで、それが勤労意欲をかき立てるきっかけとなっていたのです。

土地と家を買わせ、さらに車を買わせる。そして自動車産業が伸び、ガソリンを大量に消費させた。ある意味では、郊外のガソリン垂れ流しの一戸建てと捉えることもできますね。それが、資源が有り余っている時代には、短期的には経済を豊かにし、ヨーロッパとアメリカで比較すると、アメリカが圧倒的に経済的に優位に立つことができた。そんなアーバンデザインであり、エネルギー政策であった。

しかし、今、冷静に振り返ってみると、エネルギー的に無謀なことをやっている。アーバンデザインに関しても、アメリカ流の都市と郊外の二項対立を基本とするものを、僕らは常識として植え付けられたけれど、それは全く常識でもなんでもないことは、ちょっとヨーロッパの都市を見てみるだけでわかります。

日本文化とQOL

村上　生活の質の向上を物質の豊かさに直接結びつけて考えるのがアメリカの流儀でした。24時間全館冷暖房とか。それはある面では豊かかもしれませんが、全く逆の質の高さ、豊かさもあります。例えば、日本の京都や奈良のすぐれた寺院建築、禅寺などに行くと、言い表しようのない静けさや豊かさがあり、改めて日本の伝統的文化が持つ質の高さを実感することができます。

ミュシュランでは東京の三つ星レストランの数が

1　アメリカのパッケージ型エアコンディショナー（1948年、レイナー・バンハム著『環境としての建築』より）
2　アメリカ・ロングアイランドの郊外型一戸建て建売住宅群「レビットタウン」（1954年）

ニューヨークより多いと評価しています。これは一例ですが、料理と同じように質の高い伝統的な日本の空間も、数えあげるのが困難なくらいたくさんあります。そういう過去の蓄積を参考にしながら単純な物質的豊かさではないQOLを求めるべきだと考えています。

隈　日本人の身体が持っているセンサーモードは非常に高い。これは僕の建築の批評をずっと書いてくれているアメリカの建築批評家との話です。

　僕は、例えば庇が深い時は影が濃いのでグレーを濃く、浅い時には淡くしたり、周りの柱とのコントラストによっても使い分けたりと、グレーを使い分けています。その説明を批評家にしたら、「どうしてそんなに違うグレーが見えるのか？　アメリカの建築家からはそのようなグレーの話は聞いたことがなかった」と言われた。そこで、「僕が特別なのではなく、日本人ならいろんな灰色があり、その濃淡を付けることを当然のことのようにしていると思う」と言うと、「アメリカ人は、白は白、黒は黒、その間のグレーはグレーなのに、日本にはグレーでも利久鼠などいろんな色がある。このことをぜひアメリカ人に聞かせたい」と言われた。

　更に体の感覚も違います。ファッションの専門家は「日本人は肌触りを気にするけれど、アメリカ人は自分がどのような肌触りの下着を着たいのか、肌の感覚を全く気にしない。日本人とアメリカ人の持っているセンサーが違う」と言う。

　これは、何が原因かはわかりませんが、何千年という時間の中で日本人はセンサーを磨いてきたのだと思う。ところが、20世紀には戦争で負けたこともあって、アメリカ流に憧れて、郊外一戸建て、全面空調云々というのを一方的に真似し、身

体感覚を犠牲にしてきた。もう一度、自分の身体感覚を自分で確かめてみると、全然快適な環境には住んでいないことに気付くと思う。

　空調の冷たい空気を浴びながら子供たちが寝ている姿を見ると、これはまずいと思う。子供の頃からそれに慣らされてしまうと、本来持っていた身体感覚が壊されてしまう可能性もあります。

村上　その通りだと思います。環境制御という面でも、日本には非常に細かい季節対応の文化があります。京都の町家には、夏と冬で内装を部分的に取り替える文化があります。私はこれを、"住居の衣替え"と呼んでいます。

　長谷川潔[1]という有名な版画家がいました。彼はヨーロッパで一度途絶えていたメゾチントという版画手法を再現して、素晴らしい黒を版画で示しました。彼のメゾチントにはものすごく繊細な黒の階調があり、ヨーロッパの人はそれを見た時に驚愕しました。彼の黒は、東洋の墨をベースにしています。黒の文化をとってみても、日本の伝統文化がいかに奥深いものであるかがわかります。先ほどのグレーの文化に近い概念です。私は国粋主義者ではありませんが、日本の伝統文化が持っている豊かさ、細かさをもっと高く評価すべきだと思います。

健康と住宅デザイン

平山　10年ほど前にシンガポールに行ったとき、ホテルの空調がものすごく寒く感じました。外は35℃位なのに室内は18℃位。なぜここまで冷やすのかと思いました。少し郊外に行くと、屋台にいる人やエアコンのないところで暮らしている人たちのほうが健康的に見えました。

＊1──はせがわ・きよし（1891～1980）　版画家。1918年、フランスに渡り、一度も帰国せず、パリで没す。いろいろな銅版画技法に習熟し、メゾチント技法を復活させたことで有名。

＊2──2008年から建築環境・省エネルギー機構が主催し、健康な暮らしをプロモートする住まいとはどのようなものかをテーマに行われたアイデアコンペ。隈研吾氏が審査委員長を務めた。

＊3──Richard Joseph Neutra（1892～1970）

村上　これからは健康が重要なキーワードになっていくと思います。健康とは、単に病気にならないというだけではありません。WHOでは「健康とは、肉体的、精神的、そしてコミュニティを含めて最も活性度の高いカラダの状態」と定義しています。

　この定義に照らせば、エアコンの冷房がガンガン効いている状態が健康な空間かという当然の疑問が出てきます。ポジティブな健康という概念、私はこれを「健康増進」と言っていますが、屋内環境をデザインする上でたいへん大事だと思います。日本が、そして世界がこれから模索すべき非常に大きな建築計画上のテーマだと思います。

隈　先日、村上先生と「健康維持増進住宅設計」というテーマのコンペの審査をしましたが*2、予想以上のたくさんの応募者がありました。それもデザイナーからの応募がたくさんで、「こんなに健康というテーマで作品が集まるのか」と思うくらいでした。

　その時に、少し調べてみました。20世紀の最初の頃、モダニズム運動の中では、建築デザイナーにとっても健康が大きなテーマになっていました。それは、19世紀に産業革命、それにともなう公害で都市の不健康が大きな問題になり、そこから健康を取り戻すために、窓の大きな明るい住宅をつくろうというのが、モダニズムのひとつの動機になっていた。ヨーロッパでもアメリカでも健康住宅運動みたいなものが起きていたのです。

　例えばアメリカだと、20世紀の最初の頃、1920年代に建てられたリチャード・ノイトラ*3の代表作に「健康住宅」[Figures 3, 4]がロサンゼルスにあります。「なぜ、この住宅に健康住宅という名前が付いているのか」と思い、調べてみました。当時、著名な医者がこういうのがこれからの健康

3　ノイトラの出世作「健康住宅」（ロヴェル邸、1929年）
4　「健康住宅」室内。新しい健康法を提唱していたドクター・ロヴェルのプレゼンテーションルーム

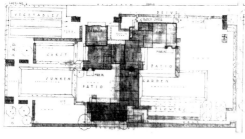

5, 6　シンドラー邸外観
7　　シンドラー邸プラン

な住宅だと言って、窓が大きいプリミティブな健康住宅を提唱していました。この健康住宅運動を行ったドクター・ロヴェルが、ノイトラとルドルフ・シンドラー*4という2人の建築家と仲が良かったのです。そこでまず、シンドラーにニューポートに別荘をつくらせました。その後、本宅をノイトラにつくらせました。

　シンドラー自身もその医者の考え方を信奉していました。ロサンゼルスにあるシンドラーの自邸[Figures 5〜7]は、僕が世界で最も好きな住宅の一つです。その家は、引戸を使った日本風の平屋で、庭と一体化しています。ロサンゼルスはほとんど雨が降らないような所なので、初めの頃、シンドラーはドクターが推奨するので屋上にベッドを置いて寝ていました。それくらい当時は「住宅は人間の健康を増進するためにデザインされるべきだ」という考え方が盛んで、面白い例がたくさんあったのです。

　しかし、これは1920年代までの話です。その後は郊外にエアコン付きの住宅というアメリカの美学で全体が染められてしまいます。そして、もう一度、健康の運動が1970年代に西海岸のほうで出てきます。僕は、西海岸にはこうした建築を推進する空気感みたいなものがあるのだと思っています。こうして、住宅デザインと健康を結びつける運動が1世紀ぶりにもう一度復活してくるわけです。

村上　1970年代にアメリカの西海岸でそういう運動が起きたのは、ベトナム戦争の影響もあるかと思います。過剰な物質文明や急速な技術的進歩などに対するカウンターカルチャーとしての運動という側面もあったと思います。

　別の視点として、ドイツにおけるバウビオロ

*4 —— Rudolf Michael Schindler（1887〜1953）

ギーという運動を指摘することができます。建築とバイオロジーのドイツ語の造語です。隈さんがおっしゃったように、産業革命に伴う都市化はイギリスが先鞭を切りましたけれど、ヨーロッパでは19世紀を通じて農村からの大量の人口が都市に移住してきました。その結果、非常に劣悪な都市環境ができたわけです。それは戦後の東京や大阪を見ても同様です。1960〜70年代に復興して物質的には豊かになりましたが、失ったものも大きいのです。物質信仰の代償は大きかった。バウビオロジーという活動の基本は、過剰な物質文明信仰に対する反省を促すものです。例えば農村地帯に自然共生型の集合住宅をつくって自給自足のコミュニティをつくるというようなことを盛んにやっています。ちょっと原理主義的なところもあります。

隈　ドイツ人の健康意識は、独特のものがあります。日本人とは違う意味でボディコンシャスです。ドイツ人にはカラダに対する独特の関心が脈々とある。

村上　私の専門分野で言いますと、すぐれた屋内環境をつくったのはヨーロッパの中央以北です。ドイツ、スイス、デンマーク、スウェーデンなどの国々です。隈さんが指摘する身体感覚とはまた別の側面があるのかもしれませんが、我々がモデルにしたいと思う屋内環境の一つは、北欧や中央ヨーロッパで開発されてきたものです。

　例えば、必要換気回数の概念はドイツのペッテンコーフェル*5という衛生学者がつくった概念です。今でも人間1人1時間当たり30m³という基準が使われていますが、基本はペッテンコーフェルがつくりました。今から百数十年前のこと

です。ペッテンコーフェルは森鴎外の先生です。そういう意味で、ドイツは衛生学を早くから社会や建築に普及させた国です。

平山　それぞれの国の気候も屋内環境と関係がありますね。さらに同じ日本の中でも北海道と九州の人ではずいぶん感じ方が違うと思います。当然、建築に求められているもの、求め方も違ってくるだろうと思います。

隈　僕はマレーシア、タイ、インドネシアでも仕事をしています。先ほど平山さんから、シンガポールでは18℃で冷やしている話がありましたが、東南アジアの彼らでさえ、そういうところから脱却しようとしている気がします。日陰の気持ち良さ、空調してないものの気持ち良さを求めている。安い家は依然としてガンガン冷房しているかもしれませんが、脱却のきっかけは高級リゾートだと思います。

　東南アジアで始まる高級リゾート、アマングループの運動の影響は非常に大きかった。アマングループは、アメリカ流の空調をガンガンしないのが、むしろ最高級のリゾートスタンダードだとした。それが世界のリゾートの歴史を変えることになるわけです。それが1980年代末です。そこから東南アジアの国で、室内環境に対する考え方が変わった気がしますね。

村上　日本でも40〜50年くらい前は、クーラーの吹出口にリボンを付けて、冷房が効いていることを売りにしていた喫茶店が多かった。冷房が普及していないときは、冷え過ぎていることが一つの恩恵だったわけです。新しいニーズが普及する時はどこも同じです。東南アジアがその段階を卒業しつつあるという感じです。

*5── Max Josef von Pettenkofer（1818〜1901）。「近代衛生学の父」と称されるドイツの衛生学者、科学者

ユニバーサルとヴァナキュラー

村上 それでもう一度、第二次大戦後にアメリカ文化を世界モデルにしたという最初の問題点に戻ってくるわけです。隈さんの専門ですけれど、コルビュジエは建物を抽象化するという理念のもとにサボア邸をつくって、理念も技術もユニバーサルであると主張したわけです。理想化された考え方として、同じような計画ならどこに建てようと同じような技術でやっていこう、それが先端的でスタイリッシュであるというような主張をしたわけですね。ある種の理念主義、技術信仰主義と言えると思います。

それに対して、隈さんは地場の建築（サイトスペシフィック）という理念の下に、地場の材料を活用するという課題を立てて、新しい建築に挑戦していますね。

隈 コルビュジエはサボア邸でピロティーで浮かせて屋上庭園を提案しましたが、クライアントに訴えられている。訴える人の気持ちもわかります。周りがあんなにきれいな緑の芝生なのに、芝生と接しているのは車寄せだけで、屋上庭園で暮らせって言われたら、やはりクライアントとしては辛い。

コルビュジエはアインシュタインと友達だったから、訴えられた時、クライアントに反論するために、アインシュタインに家を見せて、「すばらしい」と言わせた。でも、あの家はとても住めないですね。

平山 以前、バリ島で民家に泊まる機会がありました。そこは機械設備はゼロでしたが、大変快適でした。よくよく眺めてみたら、陽がたくさん当たる所は、茅葺きなど熱が溜まらない材料ばかりを使う。まったく陽の当たらない所は、石や大理石やコンクリートなどのひんやり感をためる材料をと使い分けていることがわかりました。さらに室内で発生した熱を常に排除できるように、デザイン的に美しい欄間が付いていました。それらの組合せが絶妙でほんとうに快適でした。その後、食事に行ったホテルは快適ではなかった。民家よりホテルのほうがたくさん金もエネルギーも使っているのに。材料の考え方、地場の気候に対する接し方、空気の流れと熱の動きの関係の大切さを感じました。

村上 昔、原広司先生の研究室がやっていた、隈さんも参加されたことがあるヴァナキュラー建築の研究には私も関心がありました。最近、コンピューター・シミュレーション技術がものすごく進歩して、消滅して現存しない住宅の居住環境も再現することが可能になりました。いろいろ調べてみると、ヴァナキュラー建築は意外に快適なんです。CASBEE で評価すると、ほとんどすべて四つ星の A ランクなんです。CASBEE の評価というのは、Q／L（Q：Quality、環境品質・性能、L：Load、環境負荷）で定義される「環境効率」という指標を用いて行われます。五つ星から一つ星までの5段階で評価します。ヴァナキュラー建築では、分母の L が非常に少ないんです。地場の材料を使って、化石エネルギーも使っていないのだから当然です。分母の負荷がゼロに近いから Q/L の環境効率はたいへん良くなる。

ヴァナキュラー建築というのは、それぞれの民族が何十世代にもわたって培ってきた居住のための知恵の結晶です。しかし、あの知恵の結晶を環境計画に利用すべきであるということには、い

この対談テキストは2009年8月5日、都内で行われたピーエス株式会社主催の
村上周三・隈研吾両氏の対談「モンスーン日本のこれからの快適──除湿型放射冷房を使った
夏の室内気候の探求」をもとにしている。

ままで意外に気が及んでいなかった。ヴァナキュラー建築は21世紀のクリマデザインに示唆するところが多々あると私は考えています[Figure 8]。

アダプティブという発想
隈　体の感じ方の差については、民族差の研究はありますか？
村上　もちろんあります。デンマークのポール・オーレ・ファンガー先生[*6]たちが研究してきました。物理学、生理学、医学全部を含んだ立派な人体熱モデルをつくりました。人間は物理・生理学的に言うと熱機関なのです。食べたもの、飲んだもののエネルギーを、小便や大便、汗や呼気などのかたちで外部に排出します。このようにモデル化して考えますと、暑さ・寒さの感じ方に民族差があるのは当然ということがよくわかります。また暑い所で生まれた人と寒い所で生まれた人では汗腺の数が違うという報告もあります。

　日本人は大体寒がりですね。我々は知的生産性の研究をやっていますが、仕事に最適な冷房時の環境は何度かというのを調べています。アメリカやヨーロッパですと、最適温度は23〜24℃。日本ですと、25〜26℃で、2℃くらい差があるのです。日本人が寒がりの原因としては、食物や体格が深く関係しています。バターなどの脂肪をたくさんとると体内で燃えて熱をたくさん発生するので暑がりになるのです。炭水化物ばかり食べていると燃焼が少ないから暑がりにはなりにくい。このような食生活からきた温冷感は、1000年、2000年の歴史を通して、それぞれの民族にこびり付いています。

　最近、アダプティブ空調、すなわち適応空調という概念が出されました。一昔前の欧米流の考え方によれば、人間の体の物理・生理的な機能は、人間なら世界中みんな一緒だとしてきました。このような考え方に従って、例えばアメリカ流に空調の温度・湿度は世界共通に24℃、50%にしてきたわけです。しかし、先ほども言ったように、生まれ育った環境、気候風土などで人間の温冷感は違うということがわかってきた。ですから、アダプティブというそれぞれの気候風土に適応した空調があるはずだという、多様性を認める空調文化が主流になりつつあります。

平山　快適かどうかの判断には、時間が重要だと考えています。瞬間的に心地良いのは「快感」の世界ですが、「快適」は1日24時間過ごしてどうか、数年間でどうかと、時間と健康と関連付けながら考えていくものだと思います。それは設備だけでつくれるものではない。人間の価値観、建築と屋内環境のデザイン、周囲や気候風土の関係の統合からつくられるものだと思います。お二人のお話を聞いてモンスーン日本のこれからの快適性、健康性をクリマデザインとして考える所以はそこにあるのだと思いました。貴重なお話をどうもありがとうございました。

---

*6 —— Povl Ole Fanger（1934〜2006）。室内環境と快適性に関する先進的な多くの研究で国際的に知られる。

8　村上周三著『ヴァナキュラー建築の居住環境性能——CASBEE評価によりサステナブル建築の原点を探る』（慶應義塾大学出版会、2008年）

バウビオロギーから環境共生住宅へ
クリマデザインの思想と実践として

岩村和夫　IWAMURA Kazuo

クリマデザインの枠組み
—— 広域から狭域へ

地球環境時代における都市のエコアップ

　地球温暖化問題の大きな原因に、都市化がある
と言われて久しい。世界の人口の半分以上が都市
に住み、日本では8割以上を占める時代を迎えて
いる。その過度に集積した都市におけるヒトの活
動は、膨大な化石エネルギーを使用し、大量の廃
熱と温室効果ガスを排出したが、それが地球温暖
化の原因と目される。

　また、都市環境は元来の自然環境を被覆する形
で人工物を集積した結果、本来その土地や空気に
還元されるべき太陽熱が人工建造物に蓄熱され、
ヒートアイランドや異常な熱帯夜をつくり出すこ
ととなった。これは近年我々が夏季に実感するヒ
トの命に係わる切実な現象であり、都市環境構造
の改善が不可欠である。それはすなわち地球環境
時代における建築・まちづくりの緊急課題である。

　ところで、「エコアップ」という言葉がある。こ
れは、「エコロジカル・アップ」の短縮形で、生態
的な環境、「エコシステム（生態系）」の質的なアッ
プ（向上）を意味する。その目的は、植物・動物・
微生物の循環で成立するエコシステムと、それら

の生物要素にとっての棲息基盤となる土・水・大
気の良好な環境を都市に十分に確保し、整えるこ
とにある。もとより人工的な都市的土地利用の中
に、土と水の見える土地利用を組み込み、その上
に多様な生き物が棲息できる「ビオトープ・ネッ
トワーク」を構築することが目的である。

　日本の都市の内部と周囲にはその発展上の歴
史的経緯から多くの場合、農林地・河川・海岸が
立地している。これら既存の自然要素とのネット
ワークを構築することで、より効果的な個々の都
市におけるエコアップを実現することが可能とな
る。そのためには、都市の背景となる自然・土・
水・生き物・農林業の履歴と現況に関する様々な
調査が不可欠だ。しかし、近年の深刻な問題は、
農業従事者の減少や後継者の不在等の原因で、荒
れた農林地や里山が市街地の近くに多く存在する
ことである。逆に都市化の波が周辺まで押し寄せ
てきた結果、市街地と里山が近接しているのが日
本の多くの都市の特徴でもある。

　一方、荒廃した農林地や里山を都市住民の手で
管理し、見事な農林地として再生している事例も
散見される。これらの再生活動は都市住民の新し
いライフスタイルの一部ともなりつつある。すな
わち都市のエコアップの営みが都市生活、都市環
境の再生と結びついた例と言える。

また、建物レベルに関しては、屋上や壁面の緑化等の建物緑化の推進と、コンクリートやアスファルトで被覆されている駐車場や道路・河川の法面等の土被覆と緑化がエコアップの手法となる。ただし、緑化に関してはできるだけ外来種ではなく在来種によることが固有の都市での生物多様性に寄与することを忘れてはならない。

都市における微気候の創造

人間居住の持続可能性を確保するためには、必要なニーズ（水、新鮮な空気、快適な温熱環境、食料、癒し等）を生態系から巧みに、かつ持続的に獲得することが求められる。すなわち、即地的なエコロジカル・ランドスケープの与条件を的確に把握し、それに見合った環境創造が都市のより狭域な空間のエコアップにも求められる。

さらに、都市住民にとって快適な微気候を創造するには、ランドスケープを把握し、その立地する特徴を生かすことである。微気候とは地域固有、場所固有の気候のことであり、温度・湿度・風等の環境要素で構成される。この微気候を巧みに都市の中や地域の中に創造することで、生活環境における省エネルギーにもつながり、結果的に自然環境への負荷を低減してくれる。また微気候が生態的に豊かであることは、多様な自然、生物多様性を高めることにもなり、より豊かな自然と触れあう機会を提供してくれる。

日本の都市は、歴史的に海岸線や河口域の低湿地帯に形成されてきた。また城下町として誕生した都市も多く、そこではかつて都市河川・運河・水路が張り巡らされ、海とつながっていた。周囲の田園地域へつながる農業用水路もある。これらの水域は、暖まった都市を冷やす上で重要な要素である。例えば、河川沿いに涼しい「風の道」が形成される。海風をうまく都市に引き込むことによって、クーリングシティをつくり出すことも可能である。

こうしたクリマデザインの取り組みの先進国ドイツでは、広域の都市気候図（クリマアトラス）を作成し、その上で都市の微気候を即地的に把握し、都市の大気循環に必要な風の道をコントロールする「都市微気候政策」をとってきた。近年、我が国でもヒートアイランド現象の激化により、クリマアトラスによる都市微気候のコントロールに関する膨大な研究蓄積を見るに至っている。例えば、東京の新宿御苑の緑地がつくる冷気が周辺の市街地ににじみ出し、冷却効果を発揮していることが報告されている。海風を都市内に取り込む工夫、河川を介した風の道の計画、都市公園の冷気で周辺市街地を冷やすなどの、都市計画的な提案がなされるようになったことは学会等での発表件数からも明らかである。

ドイツにおける
バウビオロギーの系譜

さて、1970年代の後半、ドイツは建築デザインの歴史的パラダイムをめぐって大きく揺れていた。遅れてやってきた新たなポストモダンへの誘惑と、ナチスの戦争責任との倫理的相克に揺れたドイツでは、他国のような建築デザインにおける歴史的シンボリズムを気軽に渡り歩く無節操な「デザイン」の立場をとることに大きなためらいを感じていたからである。

その一方で、そうしたデザインを巡る議論とは無縁の地平で、現代建築のエネルギーや資源、そして「建築物理学（Bauphysik）」と深く係わる諸性能を、内外の環境や使う人間の心理や生理の視点から見直す動きが急速に芽生えていた。その伏線は60年代、さらには戦前からの州ごとにその地域性を色濃く反映した地道な試みの積み重ねにあった。そして60年代後半のバックミンスター・フラー（Richard Buckminster Fuller、1895～1983）を中心とする動きや、オイルショックという地球資源に関わる出来事に触発されて、一気に加速したのであった。その時、生物学や生態学と建築との関係を、人間の心や身体性を通して考察する方法がとられた。それを「バウビオロギー（Baubiologie）」と呼んだのである。筆者はそれを単純に「建築生物学」と和訳した。

　その頃からの中心的人物の一人であるリヒャルト・ディートリッヒ（Richard J. Dietrich、1938～）は、エネルギー効率の高い工業化技術を駆使したオープン・ビルディング構法によるニュータウンづくりの一端をルール地方で試みた。その一方で、南ドイツの自宅に自然の材料を多用し、豊かな周辺の自然環境との文脈を基本にした究極のエコハウスを実現していた。「バウビオロギー」は彼のそうした初期の旺盛な、しかし矛盾に満ちた実践の成果や知見によるところが大きい。つまり、生物学的な存在である人間から見て、その生命活動を可能にする地球や地域や身近な環境と、現代の建築という構築物との相互関係のあるべき姿を構想し、現代建築の常識を逐一見直すことからその展望を開こうとするものであった[Figure 1]。

　ヘッセン州ダルムシュタットのフランツ・フォ

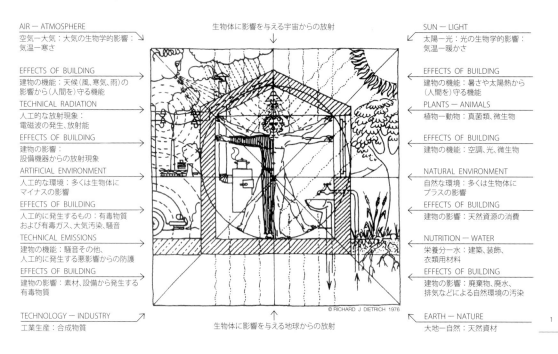

1　リヒャルト・ディートリッヒによるバウビオロギーの基本概念（1976年）

ルハート（Franz Volhard、1948 〜）や同州カッセルのゲルノート・ミンケ（Gernot Minke、1937〜）等は、軽量粘土という地域の自然材料に的を絞ってそれぞれ独自の工法を開発し、自ら家づくりの職人となり、土着的なバウビオロギーの実践家として持続的に活動してきた。

またシュトゥットガルト大学で同期に建築を学んだマンフレッド・ヘッガー（Manfred Hegger、1947 〜）とヨアヒム・エブレ（Joachim Eble、1944 〜）は、ともに80年代の半ばに時を同じくしてまったく異なる形の「エコロジー団地」をそれぞれ実現している。前者が新しい技術との統合を図るモダン・デザインを出発点としているのに対し、後者はルドルフ・シュタイナー（Rudolf Steiner、1861 〜 1925)の思想に深く影響を受け、モダン・デザインから距離をおいた形態上の特異性を身上としている。

そして自然界に存在する構造体を精緻に分析する一方、建築構造の合理性を突き詰める過程で、その合一性を発見したフライ・オットー（Frei Otto、1925 〜 2015)は、60年代から建築の構造デザインの世界に全く新たな視点を開いた。シュトゥットガルト工科大学と自らのアトリエを拠点にして軽量膜構造という独自の世界を生み出したのであった。

このように、実に多彩なアプローチから「バウビオロギー」の理念は実践されてきた。しかしながら、その多くに共通する意識の中には、建築・都市デザインにおける「近代」以降「現代」を構成してきた、生産・流通の側に偏った画一的な計画手法と、その結果としてヒトや自然に「不健康」な建築環境に対する強烈な懐疑と批判性を見て取

ることができる。すなわち、「健康」を原点に据え、近代・現代建築の「非生物学性」を指摘し、建築生産や流通の近代化・工業化の過程で駆逐された地域性およびその伝統的工法や材料の再評価を行う過程で、より広範な「近代」そのものが内包する問題が顕在化してきたのである。

建築生物学連盟宣言

日本建築学会の『建築雑誌』は早くも1986年の6月号に「エコロジーと建築」の特集を組み、そこで建築、環境工学、経済学、植生学、建築生物学等、広範な関連分野からの論文を掲げた。その編集方針は「……建築や都市の将来を考えるとき、エコロジーの概念を無縁のものとしては語りえなくなってきている。それは各種の人為的活動の結果がもたらす、今後の社会における人々の生活に与える影響とか制約といった側面であり、それはまた、各地域の自然や産業や文化に根ざした生活の要請という側面である。そして、今日、そのような状況に応じた建築や都市のあり方やその表現が求められており、それを裏付ける技術の開発が必要とされている……」という認識によっていた。またそこで紹介された「建築生物学連盟宣言」には、その後のバウビオロギーの展開によってややぼやけてしまった本来の意図が、問題提起のかたちで明確に述べられていた。

この宣言に見える課題への取り組みは、すぐれて学際的、領域横断的なアプローチを前提としている。そこを出発点とし、1990年来わが国で推進されてきた環境共生住宅[*1]や、2000年以降の「サステイナブル建築」における基本認識の共通

＊1──地球環境を保全するという観点からエネルギー・資源・廃棄物などの面で十分な配慮がなされ、周辺の自然環境と親密に美しく調和し、住まい手が主体的に関わりながら健康に快適に生活できるように工夫された住宅、およびその地域環境。きっかけは、政府の地球温暖化防止行動計画（1990年）。

建築生物学連盟宣言

1） 画一的な建築造形の非人間性に対する反省を深めること：〈造形上の問題〉

2） 極度に人工的な住生活、生産活動、教育活動の場を、建築生物学的な法則に則って
再考すること：〈人工的環境の非生物的問題〉

3） 建築資材の調達から都市計画まで、生態学的配慮による再編成を図ること：〈建築にかか
わる計画・生産・流通の生態学的問題〉

4） 建設におけるビューロクラシーによって崩壊した、建築による魂と精神と肉体の合一を再
び求め、建築の問題を芸術として、生物学的に社会的一貫性をもって構築すること：〈建
築行為の総合性と芸術性の問題〉

5） 後ろ向きの自然主義的建築論ではなく、人間と自然と建築とのかかわりを革新的な自然
観で維持発展させること：〈建築と自然観の問題〉

6） 進歩に対する不安や、国家に対する不信からくる単なる拒絶主義ではなく、極端な物質
主義に対抗する環境形成上の自由を獲得すること：〈環境形成と物質主義の問題〉

7） 工業化を否定するのではなく、有機体としての人間の存在に有効な技術の再編成を図
ること：〈技術と人間の問題〉

8） 社会の成長を認めた上で、建設行為の本質たるべき環境保全の位置付けを積極的に
行うこと：〈建築行為と環境保全の問題〉

〈 〉内は筆者加筆

項の多くは、ここに見出すことができる。そして
気候変動等の「地球環境問題」に関するグローバ
ルな危機感と、持続可能な社会を支えるコミュニ
ティのあり方、さらに自然災害のリスクに対処す
るレジリエンスなどが後から新たに加わった。

　こうして、これからの建築は、時代思潮として
広く共有すべき現代的な課題と、地域によって顕
在的、潜在的に発見される独特な課題をクロスさ
せ、身体的な体験に根ざしたベスト・プラクティ
スとして構想される。バウビオロギーはその大切
さを訴え続けている。これらの前史は日本におい
ては1990年代になって国の施策としての運動に
結実してゆくことになる。

環境共生住宅の運動へ

　環境共生住宅の研究・開発は1990年に始まっ
た。以来25年を経過した。その間、産官学の共
同をベースに、世紀の変わり目を前後して私たち
が求めてきたものは、地球環境時代のパラダイム
の変化を先取りすること、そして住まいやまちづ
くりの立場から来るべき持続可能な社会構築に資
する望ましい総合的な生活環境の姿を描き、実践
し、普及することであった。

　この運動の引き金となったのは、当時国際的課
題となり始めた地球温暖化防止の取り組みであっ

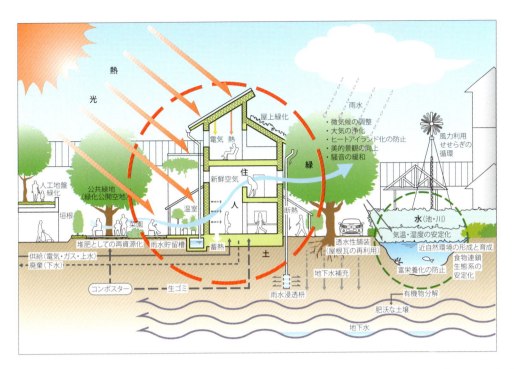

た。その当初から、広く自然環境や社会人文環境とハードな住まい・まちの居住環境を含む今日的課題を広範囲かつ総合的にレビューすることの必要性が強く認識された。そして、マクロからミクロに至る環境の全体像と関係性をまず描き、個々の課題の解決とその取り組みの統合化を図ることが重要視されたのであった[Figure 2]。

こうしてみると、上記のような大きな枠組みの中で、建築や都市のよって立つ地域性・場所性が極めて重要なファクターであることが見て取れる。特に気候風土に関する知見がその基本であり、そこからデザインのすべてが始まる。32頁Figure 3は環境共生建築（住宅）を実現する上で筆者が開発した循環型のデザインプロセスを模式的に示したものであり、事後検証の段階までを含む全体像に言及している。このプロセスに基づく、建築の快適な室内温熱環境のつくり方を32頁Figure 4に示す。

クリマデザインによる住まい・まちづくりの試み

以上の理念や方法論に基づいて筆者等が実践した、ドイツと日本における典型的な二つの事例を以下に紹介する。

カッセル・エコロジー団地
（ドイツ、ヘッセン州、1981年）

環境と共生するエコロジカルな建築やまちづくりを実践するとき、そこには目的は同じでも大別

2　環境共生住宅の総合イメージ

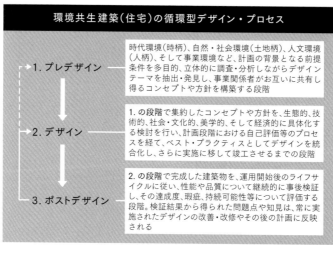

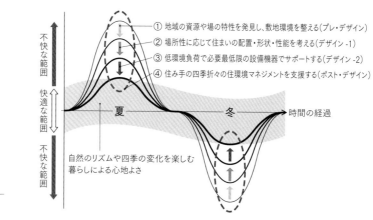

して二つの異なるアプローチがある。一つは現状に対する批判性に富んだラジカルな試みであり、一般・現実の社会からは少し距離をおき、物理的・経済的に外部に対して閉じた形で行おうとする方法。もう一つは、ある程度社会のコンセンサスが形成された段階でのより現実的な対応であり、時の社会制度の問題にも積極的にコミットしながら、より一般的な広がりを持とうとする方法である。いわばプロテストとインテグレーションとも言うべき対照的な方法である。

カッセル市の市民参加型住宅政策 1980年代のドイツ、ヘッセン州のカッセル市 [Figure 5] では、同市の所有する土地に住宅建設の促進を図ると同時に、計画上の質的基準を設けていた。例えば市が基本方針として持つ一定のプログラムに沿う住宅建設計画に対し、市有地を住宅購入者に安く提供する。そうすることによって、優れた計画の実

3　環境共生建築（住宅）の循環型デザイン・プロセス
4　適度な住まいの温熱環境とそのつくり方の手順

現を推進しようとするものである。それはまた住宅の供給側に対して、基準に見合った入居者を斡旋することでもある。

当時、旧東ドイツ国境に近かったカッセルの土地価格は、同規模の他都市に比較して低かった。これを武器にし、さらに公共的な価格設定を行うことによって、若年世代の低所得者層や大人数家族にも住宅建設の機会を政策的に提供しようとするものであった。「ユンゲ・ファミリエ（Junge Familie：若いファミリー）計画」と名付けられたこの政策は、同市の都市計画・再開発課の手によって進められていた。

このような開発行為に関してドイツで特徴的なのは、土地とその上に実行される計画の内容がワンセットになっていて、売買に際しても基本的に別個に扱われない不可分の関係にあるということだ。つまり、道路や公園の整備だけではなく、土地の投機を防ぎ、住宅のコンセプトと中身についてまでその質を担保し、その一般化を図ろうとする住宅政策のあらわれである。それに加えて、70年代半ばから試みられてきた人体と環境にとって健康でやさしい建築環境を実現しようとする前述の「建築生物学」の概念が政策的にいち早く取り込まれたのである。

エコロジー団地づくりの経緯　このユンゲ・ファミリエ計画に採択された開発計画の一つがカッセル・エコロジー団地［34頁 Figure 6］であり、建築家のH.ヘッガー夫妻（HHS）、G.ミンケ教授等の努力で実現した。その足跡は以下の通りである。

1981年…カッセル・エコロジー団地の「第１コンセプト」を起草

82年３月…HHSは同集合住宅の建設に興味を持つクライアントを集め、ワーキング・グループ「カッセル・エコロジー団地」を結成

82年６月…市の都市計画局と共同し、特定された敷地に「エコロジー団地」の建設が可能となるような「Ｂプラン（地区詳細計画）」の作成を開始

82年７月…ワーキング・グループは定期的な会合を開き、団地の共同計画を進める具体的な作業や全体の組織、体制に関する詳細な条件、規則を煮つめる

83年…8軒からなる第１期工事の設計開始

85年夏…第１期分竣工、入居（8軒）

91年春…第２期分竣工、入居（7軒、筆者自邸を含む）

ここで言うワーキング・グループのコンセプトとは、広く環境の問題に視座を置いた省エネルギー、健康、ローコスト住宅を団地規模で実現することである。その基本的な方針は、将来の住人の間の合意形成の証として、以下のような項目からなる「開発カタログ」に具体的に明文化された。すなわち、①水循環に関する項目、②植栽・緑

5　カッセル市の都市軸

化に関する項目、③太陽エネルギーのパッシブな利用に関する項目、④室内熱環境に関する項目、⑤省コストに関する項目、⑥ごみ処理に関する項目である。

　この内容は、エコロジーの視点から見た現代の居住環境の技術的な再編成であり、その中で生活する生物体としての人の健康とライフスタイルのあり方に言及したものである。つまり、「建築生物学」の概念を住宅団地として実体化するための具体的な手立てである。

エコロジーとデザイン　同様な主張が実践されるこれまでの過程では、伝統回帰、自然主義という側面があまりに強調された自閉的なケースが多く見られた。すなわち、現代建築技術への反省が安易にこの二つの要素で置き換えられた結果である。特にドイツの場合、居住環境を形成する一般的嗜好の根強い保守性がそこに色濃く反映された。また新たな「エコロジー機能主義」とも呼ぶべき、退屈な空間不在のシステム建築の萌芽さえ見て取れた。

　しかし、エコロジー団地の実現へイニシアチブをとってきた私たちは、こうした安易な伝統・自然主義や画一的な環境形成に対して批判的な立場をとった。例えば、全体の景観上のコンセプトとして、屋根に草をはやし、8〜12度の屋根勾配とし、外壁材に板材の使用を義務づける以外は各戸にかなりの形態上の自由度をもたせる。そして例えば

6　カッセル・エコロジー団地全景
7,8　旧ミンケ邸
9　ヘッガー邸

ミンケ教授自邸 [Figures 7, 8] のような北米インディアンのホーガン構法による極めて独特な形態の住宅も許容する。つまり、自閉的になりがちなコンセプト至上型の住環境ではなく、空間的にも生き生きとした環境の実現をめざしてきたのである。

この計画を通じて、私たちはドグマティックな建築環境ではない、しかも単なるファッションとして浪費されない建築のありようを求めた。そして、何よりも環境問題に視座を置きながら、建築の人間に対する優位性を否定した。〈退屈なハーモニー〉より〈生き生きとしたコントラスト〉を、〈冷やかな威厳さ〉ではなく〈明るい開放性〉を、そして〈息苦しい完全さ〉ではなく、〈自由なインプロヴィゼーション〉を！[Figures 9〜11]

孤住から集住、そして共生へ　カッセルのエコロジー団地は、以上のような背景を持つ成熟度の高い住環境である。入居者参加型の団地建設のプロセスを通じて、住人同士による一つの大人のコミュニティが成立した。現在の住人は建築家、学校の教師、学者たちといった顔ぶれである。当初はドイツでも特異であった住環境も、外壁の木肌が灰色となり、植物が十分に成長した現在、周辺の風景にすっかり溶け込もうとしている。もちろん、時とともに家族構成や家庭の事情にも変化が生じ、常に変貌を遂げるコミュニティは常に新たな問題を抱える。しかし、それも当然のこととして、継続的な話し合いが重ねられていくことだろう。

そうした煩わしさを回避するのではなく、乗り

10, 11　岩村自邸
12, 13　集住の風景

越えてゆくことで達成される「集住」の心地良さは、他人を排除して得られる「孤住」のそれに比べるべきもない。程度の差こそあれ、「環境共生」の試みがこのような人と人との関係を「デザイン」することから始まるのは、ドイツも日本も同じである［35頁Figures 12, 13］。

望楼の家（埼玉県美里町、2006年）
　この戸建住宅は、埼玉県西部の田畑が広がる農作地の中にあり、雑木と竹林、さらに敷地の外周を水路に囲まれた300坪以上の広大な敷地に建つ医師家族の週末住宅である。建物は地盤面から1m程高い基壇の上に、母屋の半分が跳ね出した状態で配置されている。この基壇は、江戸時代から続いた民家を10年程前に取り壊した際に、建て主が従前の建物の記憶を残すことも考慮し、新しい住宅を建てるために造ったものである。その基壇を活かし、週末に家族や親戚、友人が集まって菜園の手入れや収穫を楽しむための小さな住宅の設計を依頼された。私たちは、環境に配慮した様々な手法を組み合わせ、その立地環境を存分に楽しめる住宅を目指し設計を進めた。

周辺環境を把握する　まずは、いつものようにプレデザインとして計画地の周辺環境を把握するための調査を行った。現地での詳細なフィールド調査を行うと同時に、役所や図書館などで周辺の自然環境や社会環境について調べることから始め、

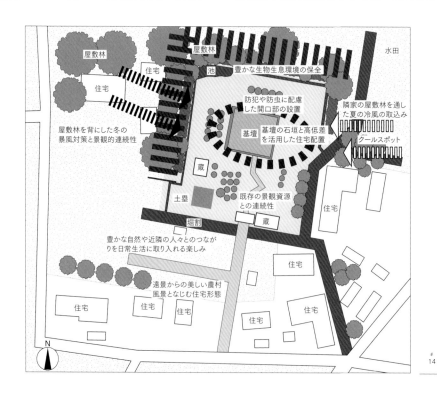

14　「望楼の家」の微気候環境の分析

プランを描く前に設計条件となる微気候に関する情報を収集した。

計画上重要なポイントである自然環境については、地域の気温、湿度、降水量、風向・風速を分析した。データは気象庁のアメダスデータを使用し、6年間の平均値をグラフ化した。特に風向・風速については、傾向（頻度）を季節ごとに整理し、プラン検討の際に参考とした [Figure 14]。

風の流れを導く　この計画地は夏に東風から南風が卓越し、秋・冬・春は、北西風が主な風向であることが読み取れる。春から夏にかけて心地よい風を取込める位置に窓を設置すると共に、室内を風が流れるように居室間の可動建具や階段下に地窓を設けるなど、随所に風の通り道を用意した。また、夜間に安心して開けながら眠れるサッシとの組み合せも考慮した。周囲にある既存の冷熱源（緑陰、開放水面等）を活用して、通風と日射遮蔽によって夏場のエアコンへの依存度を最小限に抑えることができた。

また、この建物の大きな特徴でもある塔状の望楼は、上下温度差を利用した自然換気に非常に有利な形状を持つ。暑熱期に望楼の窓を開放すると、暖気が排気され、下から勢い良く風が吹き上がっていく。その際、負圧となった室内は、外気が流入するため、北側の窓を開放しておけば涼しい風が吹き込むことになる。これで、真夏の午前中から午後の早い時間までは快適に過ごすことができる。

このような換気の仕組みは、望楼でなくとも屋根の天窓と階段室や吹き抜けなどの空間を使用すれば、容易に実現することができる。

景観をつくる　一方、街並みの観点からこの望楼のある建物を見てみると、周辺に類似した形状の建物は存在しない。密集した住宅地ではないので、制約が少なく自由に考えることができたが、周辺の民家に見られる軒の出（900〜1000mm程度）や屋根勾配を考慮すると共に、外装の色調や経年変化を受ける素材等を外壁に使用したため、周辺建物と馴染んでいる [Figure 15]。

日本の伝統構法の良さを活用　構造は地盤調査を実施した上で基礎の方式と形状を決めた。基壇の上下で基礎形状は異なり、低い方は独立基礎を地中梁で結び、基壇上はベタ基礎とした。その上に建つ木造は、伝統的な軸組構法の良さを活かし、仕口・継手の加工では大工の技を発揮してもらった。引抜力のかかる小さな柱の仕口（ホールダウン金物を用いない部位）は、法的金物と同等の扱いとなる臍（ほぞ）と込栓を用い、梁・桁と渡り顎（あご）や台持ち継手、蟻掛け等によって組み上げる日本の伝統木構法を基本とした。

材木は、地域材を採用したいところではあったが、構造的な粘り強さの大きい米松を梁・桁材に、

15　「望楼の家」全景

柱に杉を使用した。土台には埼玉県産材の桧を採用している。また、床下換気、外壁通気構法、および連続的な断熱区画の形成、防湿シートの設置（外壁）により内部結露の防止に努め、木造躯体の高耐久化を図った［Figures 16〜18］。

断熱性能を高める　言うまでもなく、建物の適切な断熱化と気密化は、室内温熱環境を快適化し、躯体の耐久性を高めると共に、冷暖房の負荷を軽減する省エネルギー対策として必須である。この建物は、屋根を外張り断熱し、外壁は充填断熱、床は根太間に充填断熱を施した上で、根太下から大引間に外張断熱している。その結果、熱損失係数は、$Q = 2.65 W/m^2 K$ となり、設計当時のIV地域次世代基準 $Q = 2.7 W/m^2 K$ をクリアした。

使用した断熱材は、主にフェノール樹脂フォームで、充填断熱材はペットボトルを再生したリサイクル断熱材である。再生断熱材の素材は100％ポリエステルで、湿気を含んだとしてもへたりにくい性質を持っている。またブローイング（吹込み工法）を採用することで、筋交いなどが入った複雑な壁体内に隙間なく密実に充填することができる。やや高価ではあったが、信頼性の高い工法であるため長期的な耐久性を考慮し、選択すべきと判断した。

パッシブ手法を活用する　こうした断熱・気密化により熱負荷の小さな躯体を整備し、さらに心地

16　望楼内部見上げ
17, 18　伝統木造構法で組み上げた「望楼の家」
19　「望楼の家」の北側基壇庭園とパーゴラ

よい温熱環境を得るための多様な工夫を施した。

ひとつは街並みの項でふれた軒の出である。断熱性能が良い建物は、室内に日射が侵入して壁や床を暖めてしまうと、その熱は外へ出て行きにくい。深い軒の出（0.9m以上）は、太陽高度が高い夏は日射を遮り、室内に進入させない。一方、冬の太陽高度が低い時には室内まで日射を入れるなど、シンプルでとても機能的な役割を果たす。また雨量の多い日本で外壁の雨がかりを保護し、汚れを防止するなどの効果もある。

次に、夏の強烈な西日を受ける西側外壁は、サッシを小型化し、密実な断熱材が入った壁面の割合を多くする。かつ凹凸のある外壁形状とすることで壁に影をつくり、表面温度の低下も狙った。

さらに、北側の基壇庭園にはパーゴラを巡らし、つる性植物（ツルバラ、ノウゼンカズラなど）による緑陰をつくるなど、既存の屋敷林や水辺をベースに、新たに植栽による涼しい空間（クールスポット）を創出し、四季折々の暮らしにとって健康で快適な微気候を形成する工夫を施した [Figure 19]。

高効率機器を採用する　このような様々な熱負荷軽減のための省エネルギー対策に加えて、設備機器を省エネ型とした。そして、パーゴラの一部に、冬季には月平均で200時間を超える豊かな太陽エネルギーを活用する太陽光発電1.8KWを設置し、自家発電により化石燃料に過度に頼ることのない電気エネルギーを調達した。

設備機器では住宅で消費されるエネルギーの1/3を占める給湯器をできるだけ効率の良いタイプとした。当時、電気式給湯器の中で最も性能が高いものが自然冷媒（CO_2）ヒートポンプ給湯機であり、このシステムは大気からの熱とCO_2冷媒の特性を活かしたヒートポンプサイクルにより、投入した電気エネルギーの約3倍以上の能力を発揮する。「望楼の家」に採用した製品は、さらに性能の高いタイプで、カタログ上では約4.55倍の能力のものである。また付随する貯湯槽は370リットルの大容量で、ステンレス缶を採用した衛生的で長持ちするものを選んだ。

またLEDが普及する以前の当時、電球型蛍光ランプは白熱電球と比較して寿命は約6倍長く、電気代は約1/4〜1/5に節約できるため、照明のランプは極力蛍光灯のものを選択した。外部や望楼など電球の取替えが面倒な場所は、より寿命の長い製品を採用した。

暖房設備については、建物の基本性能や工夫によって夏涼しく冬暖かく過ごせることを目指し、その上で設備は冬の暖かさを補完するものと考え、建て主にとって健康で心地良いシステムを検討した。この建物では放射暖房を採用した。床の放射暖房の場合、対流方式に比べて床が暖かく垂直方向の上下温度差が比較的均一で、頭寒足熱の理想的な温度分布が得られる。居間は放射暖房の代表格である床暖房を、和室やトイレ、洗面所はパネルヒーターを採用した。なお、ここで採用した床暖房は低温式のもので、エネルギー負荷の小さい40℃〜55℃（通常は60〜80℃）の低温水を回している。温度が低いことから、低温やけどの危険性も少なく、床材に採用した無垢材のフローリングが反るなどの不具合も発生しないものである。

室内空気汚染を防ぐ　最後に、化学物質を放散する建材・内装材の使用に関わる室内空気質についても充分に考慮した。人体への有害物質とされている揮発性有機化合物は、主に接着剤や塗料に含まれている。そこで、施工にあたってはできるだけ接着剤を使用しないことを原則とした。例えば、床材の施工には通常釘と接着剤を併用するが、接着剤は使わずビスで施工した。

　建材や接着剤、塗料等にどのような成分が含まれるかを確認するための情報として、MSDS（製品安全データシート）がある。設計の過程で建材の採用を決める際には、各メーカーからこの書類を取り寄せ、厚生労働省が室内濃度指針値を定めている13の化学物質を含まないことを確認することが私たちのルールである。

　また、内装仕上げ材についても、できるかぎり自然素材を中心に選択した。天井は野地板表し、床は無垢材の桧フローリング、壁は吸放湿性の高いシラスの無機質成分を主成分とした薩摩中霧島壁、和室には土佐和紙を採用した。水廻りは、プラスターボードを下地に塗装で仕上げているが、当然、前述したルールに基づき、安全なものを採用している。

建て主へ履歴・管理情報を提供する　私たちは以上のような建物の特徴をやさしく解説した冊子「住まい方BOOK」を作成し、建て主に提供している。その内容は、建物の通風換気の考え方から照明の電球の種類、床の手入れ、寒冷地であれば、水抜きの方法まで、暮らす上で必要な住まいの使い方に関する取り扱い説明書である。

　建物は高性能であっても、使い方がそれにそぐわなければ、その性能を活用することはできない。こうした事後の持続的な住まい方支援こそ、我々が注力すべき側面である。

おわりに

　以上のように、本書の主テーマであるクリマデザインのような気候風土に根ざした建築・まちづくりの手法は決して新しいものではない。むしろ伝統的な方法論と言うべきだろう。建築と周辺環境とのつながりは近代以降断絶することでその近代性、現代性を享受したと我々は誤解してきた。エネルギーやCO$_2$の問題が生活環境のQOLの課題と合体したとき、まさにその近代性と現代性における大きな誤謬が問われたのであった。

　パッシブなクリマデザインはドラスティックな快適性を安易にもたらす方法ではない。むしろ、住みこなす、使いこなす過程で発見的に身につける住まいの文化とも言うべき作法を前提にした方法論である。無論最新のシミュレーション技術と合体したクリマデザインは机上のデザインを革命的に進化させた。しかし、それだけでクリマデザインの目的は達成できない。今一度五感を磨き、そこを流れる空気を感じられる健康な肉体を取り戻すことが、その近道と思われる。ポストデザインの醍醐味はまさにそこにある。

参考文献

『建築雑誌』、特集「エコロジーと建築」、日本建築学会、1986年6月号
岩村和夫『建築環境論』鹿島選書211、鹿島出版会、1990年
岩村和夫編『サステイナブル建築最前線』、ビオシティ、2000年
日本建築学会編『地球環境時代のまちづくり』、丸善、2007年
日本建築学会編『第2版・地球環境建築のすすめ』、彰国社、2009年（初版：2002年）
環境共生住宅推進協議会編『新版・環境共生住宅A-Z』、ビオシティ、2009年（初版：1998年）
岩村和夫「欧州・エコロジー見聞録③」、日経アーキテクチュア、1994年3月28日号
日本建築学会編『シリーズ地球環境建築・専門I：地域環境デザインと継承』、彰国社、2004
岩村和夫「カッセル・エコロジー団地その後」日経アーキテクチュア、1991年9月30日号

今、なぜ
クリマデザインなのか

静かな環境制御とクリマデザインの可能性

小泉雅生　KOIZUMI Masao

ユニヴァーサルスペース再考

　20世紀の近代建築が掲げた空間概念の一つとして、ユニヴァーサルスペースというものがある。20世紀を代表する建築家ミース・ファン・デル・ローエが唱えたもので、「均質空間」と訳される。フラットな床を用意し、活動の制約となる構造要素（柱や壁）を極力排し、どのような用途にも対応できるようにするという趣旨であった。この空間モデルは、20世紀を通じて広く社会に受け入れられ、一気に世界中に、まさにユニヴァーサルに広まった [Figures 1 〜 3]。

　ユニヴァーサルスペース──均質空間が成立するようになった背景には、フレキシビリティを担保し水平方向への空間の広がりを感じさせる鉄やガラスといった新しい構造体・素材の普及があったが、さらに、もう一つの技術的背景として、機械や化石エネルギーを用いて均質な環境をコントロールしてつくり出す技術が確立・普及したことも大きな位置を占めていた。どのような空間においても、どのような活動に対しても、適した環境を提供することを可能とする技術である。

　特に、空調技術によって均質な温熱環境を担保することは、均質空間成立の大きな背景となったと言えよう。屋外の寒冷・暑熱に関わらず、空気調和された風を送り込むことによって室内環境を一定の快適とされる温度帯にコントロールしていく。逆に、空調技術を用いて自在に温熱環境を制御できるようになったことを前提として、均質空間という概念が成立したとも言えるだろう。

　そして今、20世紀を過ぎ、21世紀へと至った。21世紀は「環境の世紀」と言われる。地球環境への負荷を低減することへの意識が高まっている。建築デザインの分野でも、環境に意識を向けたデザイン言語の開発・確立が求められる。そのような状況のもとで、室内環境制御の分野においては、個々の機器の効率を高め、制御システムの精度を上げ、より少ない消費エネルギーでより均質な環境を実現することがテーマとされている。

　しかし、そもそも均質な環境をつくり出すという目標設定は正しかったのだろうか。近代建築が掲げた均質空間＝均質な環境の実現というテーゼを疑って見る必要はないか。果たして、いかなる周辺環境のもとでも、またどんな時でも、外界に影響を受けることなく、均質な室内環境を実現するということは、絶対的な方向性なのか。今一度、再考してみる必要があるように思うのである。

建築環境に起伏を残すということ

　実は、この「どこでも、どんな時でも均質に」という考え方は、建築環境の分野のみならず、他の

1　ミースの代表作イリノイ工科大学クラウンホール外観
2　クラウンホールの内観。制約のないフラットな床が拡がる。
3　一般的な天井面の空調設備

様々な分野でも多く見受けられる傾向である。身近な例で言えば、地方の小売店舗がチェーン化され、日本中で同じ店構えのコンビニで、同じおにぎりが同じ価格でいつでも購入できるようになった [Figure 4]。マクドナルドのハンバーガーに至っては、国を超えて均質性が保たれている。高度な物流システムと広域での情報共有を背景に、日本中、世界中で均質化・平準化が図られた結果と言えよう。

しかし、それは、望ましい方向であったと言えるのだろうか。確かに、どこでも一定の品質が確保されるという安心感はあるかもしれないが、そこに豊かさはあるのだろうか。多少の変化や違いがあるほうが無理がないし、変化や違いを楽しむという発想もあるはずである。

建築環境においても、ただひたすらに均質な状態を目指すのではなく、ある程度の違いを認め、適度な起伏やムラを許容するような環境づくりは考えられないだろうか。もちろん、まったく制御をしないということではない。ユニヴァーサル、すなわちどこでもいつでも同じ、ということではなく、違いや変化を許容し、それを楽しむという発想である。

4 コンビニの店内に並ぶおにぎり

「ユニヴァーサリティ」の対義語として、「ローカリティ」という言葉があげられる。地域、地方、場所、局所性という意味合いである。この「ローカリティ」という概念を室内環境に活かしていくことは考えられないだろうか。どこでも同じ、場所性のない室内環境というのではなく、場所に応じた起伏やムラを楽しむことができるような室内環境である。同様に、時間軸についても、時の変化に応じた起伏のある環境制御という考え方が成り立つのではないか。どの季節にもどの時間帯にも一定の環境をつくり出すという考え方に対し、時間に応じた緩やかな起伏や変動を受け入れる環境制御である。

ここで場所や時間に応じた起伏やムラを許容するというとき、場所に関して言えば、地域性や周辺環境という広範なスケールと、活動する個々人の周辺という狭いスケールの二つのスケールを意識しておく必要があるだろう。すなわち、その地域特有の気候風土や敷地ごとの微気候（マイクロクライメイト）による変化を活かすという視点と、室内での空間特性やその場のアクティビティに応じて変化をつけていくという視点である。

同様に、時間についても、季節変化と日変化という長短のスパンがある。春・夏・秋・冬での季節の移ろいを取り込んでいく視点とともに、朝・昼・夕・夜での日変化を活かしていく視点である。こういった様々なスケールやタイムスパンで、場所や時間の違いに応じた変化や起伏を取り込み楽しんでいくような環境制御を考えてみたい。

静かな環境制御

あくまでフラットで均質な環境にこだわるので

あれば、今ある環境を望ましい（とされる）環境で置き換えるという力ずくの発想に陥る。そこでは、それをいかに効率よく（省エネで）実現するかという流れになる。しかし、起伏を許容するかたちで、あるいは起伏を活かすようなかたちで、環境制御を行うとなれば、その姿勢は大きく異なってくる。

たとえば、アンデュレーションのある敷地に建築を設計することをイメージしてみよう。敷地全体をフラットにしてから建てるというスタンスに立てば、その後の設計の自由度——フレキシビリティは高く、制約は少なくなる。しかし、大規模な造成工事が発生し、樹木など敷地内の既存の要素を活かすことは困難となろう。それに対して、アンデュレーションを残し、その勾配を活かして建築を構想するとなれば、設計をする上での制約は増えるが、敷地内の既存要素との共存を図っていくことも考えられる。結果として、特徴的な場所や空間が導き出されてくるだろう [Figure 5]。もちろん、ある程度は地形を変えていくことにはなるだろうが、まったく平らにしてしまうのとは大きな違いがある。

ここで、造成をかけるように、力ずくで自然に対峙して環境を整えていくのを「動的」なスタンスとすれば、傾斜を利用するように、いまある自然な環境を活かしたかたちで共存を図る姿勢は「静的」なスタンスと位置付けられるだろう。これまで私たちの社会においては、技術の可能性を追求していく中で「動的」なスタンスが偏重されてきた。たとえば、東日本大震災の津波の被災地では、復興事業として、津波に耐える高大な堤防が築かれつつある [Figure 6]。大規模な構築物によって、力ずくで地形や風景を大きく変えて、自然の脅威を克服し、人間の活動の自由を最大限に確保しようという企てである。しかし、多くの方面から指摘されるように、そこには無理があり、また限界がある。科学技術への絶対的な信奉という段階はすでに過ぎ、自然の力と相対するにあたっての新たなスタンスが求められる段階に来ているのではないか。先のアンデュレーションのある敷地の例で言えば、今まではフラットにして制約がなくなることを絶対視していたが、これからは傾斜を活かして楽しむことを考えてみてもよいのではないか。

室内の温熱環境制御に即して言えば、温度・湿度が調整された空気を行きわたらせることにより室内環境を置換していく空調技術は「動的」なスタンスと言えよう。均質空間を手っ取り早く実現

5　坂のあるサンフランシスコの街の風景
6　巨大防潮堤の建設で姿を変える被災地の海岸線

するものである。一方、放射のように、空気温度だけに頼らずに温熱環境を緩和していこうとする手法は「静的」なスタンスと言えるだろう。力ずくで置換するのではなく、穏やかに環境を改善していく、言うなれば「静かな」環境制御である。

イソップ寓話に「北風と太陽」という話がある。いわく、北風と太陽が旅人のコートを脱がすのを競い、北風はむりやり吹き飛ばそうとするが、旅人はしっかりとコートを抑え込んでしまい、一方、太陽はじわじわ暖めることによって旅人が自主的にコートを脱ぐように仕向け、結果、太陽が勝つというものである。もちろん、ここで取り上げられる北風は、空気の流れによって吹き飛ばそうというものであり、空調を行うための空気の流れとは目指すところが異なる。従って、このエピソードから、空調より放射が有効であるという結論を導き出すものではない。ただ、拙速に力ずくで押さえ込もうとするのではなく、ゆっくりと穏やかに「静かな」スタンスをとることの大切さを読み取ることはできるだろう。時間をかけてでも、人間の生理・心理に即した環境をつくっていくことが、大切なのではないだろうか。

もちろんここで「静かな」と言っているのは、音環境のことを指し示しているわけではない。「静かな海」と形容されるときの「静か」である。穏やか、落ち着き、ゆっくりといった言葉が想起されるような環境制御のあり方である。力ずくでフラットにするのではなく、変動のピークを穏やかに抑え、環境を緩和していくような発想の環境制御である [Figure 7]。温熱環境だけでなく、光環境や通風環境においても、同様の「静かな」制御が考えられるだろう。21世紀における新しい環境への対峙の仕方として、「静かな」環境制御を考えて見る必要があるのではないだろうか。

クリマデザイン

時間や場所による緩やかな違いや変化を許容しながら環境制御を行っていくためには、ある瞬間だけではなく、時間的な推移の中で、またいろいろな場所の相互関係の中で、快適性をとらえていく視点が不可欠である。それは、季節や地域によって異なる気候のもとで、その季節ならではの、その場所ならではの快適性を考えていくことに近しい。そこで、この「静かな」環境制御に基づき、場所性による違いや時間に基づく変化を緩和していくような環境デザインの概念を、「気候（climate）をデザインする」という意味合いから「クリマデザイン」と呼ぶこととしたい。周囲から切り離された人工環境をつくり出すのではなく、我々が日常的に暮らす生活の中での「気候」をデザインするという意味合いである。

実は、「クリマデザイン」という言葉は、私たちが新たにつくった造語ではなく、近年ドイツなどで用いられ始めた用語である。室内気候と建築デザインを併せて考えていく分野として、建築系大学コースや環境コンサルタントなどで用いられている。ここで私たちは、単に室内気候と建築デザインを結びつけるだけではなく、時間や場所による違いや変化を組み込んで環境をデザインしていくという意味合いを付加して、新たに「クリマデザイン」という言葉を定義しなおすこととしたい。すなわち、時間・場所による変化を許容しつつ気候を緩和していく、「静かな」環境制御手法に基づいた建築空間のデザイン手法である。

さらに言うと、こういったかたちの環境制御の概念も我々が初めてということでもない。これまでに、環境を意識した設計理論の構築や実践を行ってきた小玉祐一郎や岩村和夫などが、ことあるごとに主張してきたことでもある。何を今さらと言われるかも知れないが、あらためて「クリマデザイン」という名称を付して、新たな展開を期待したいと考えたのである。

建築デザインの分野において、同様に自然の力を組み込んでいく環境デザインの手法として、「パッシブ・デザイン」と呼ばれるものがある。こからの議論を進めるにあたって、クリマデザインとパッシブ・デザインの違いを明らかにしておく必要があるだろう。

パッシブ・デザインの意味するところは、太陽の光や熱、自然の風を積極的に取り入れ、活かしていく空間デザインである。その実現のための個別の手法は「パッシブ手法」と呼ばれる。具体的には、開口からのダイレクトゲイン、高低差を利用した重力換気などがあげられる [Figure 8]。しかし、厳しい寒さや暑さの時季のことを考えれば、パッシブな手法だけでは、必要な室内環境を確保

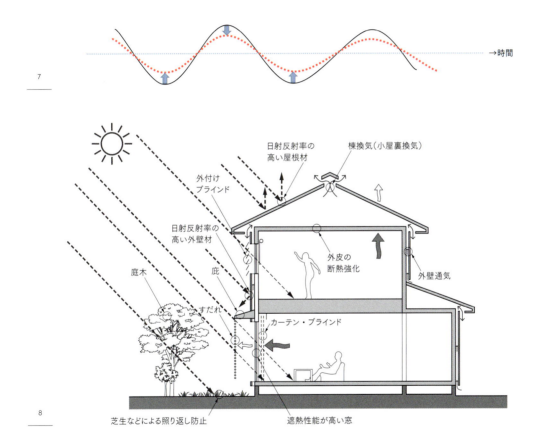

7　静かな環境制御
8　パッシブな省エネルギー手法の例

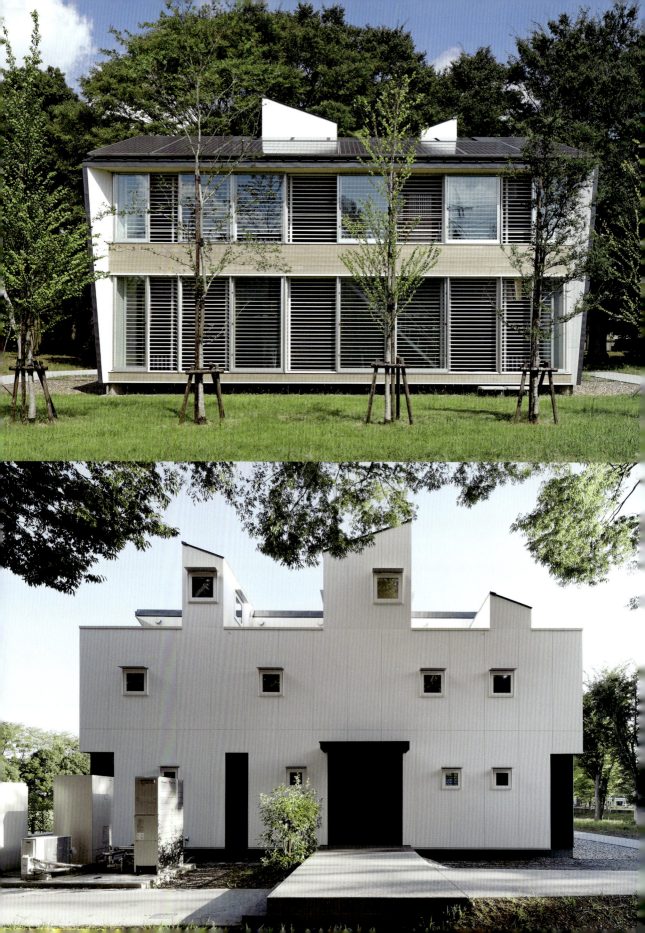

することは困難であろう。パッシブな手法に機械設備や化石エネルギーを利用した制御手法が組み合わされることとなる。

パッシブ・デザインが自然の力で環境を制御しようとするものだとすると、クリマデザインが目指すのは、最適な機械設備（アクティブ）も時に使いつつ、自然の状態を生かしたかたちで制御していこうというものである。機械設備を使うとなると、機械の能力に頼って環境をつくり出すという発想に陥りがちであるが、先に述べたように機械の役割はあくまでピークを緩和することにある。ここで取り扱われる環境要素は、光・熱・風（空気の流れ）・湿度と多岐にわたる。気候を構成する要素である日照時間や気温・風向・湿度などとリンクするものである。機械を用いた静かな環境制御手法とパッシブ手法を融合させながら、これらの環境要素を空間デザインに結びつけていくことが、クリマデザインの目指すところなのである。

空間と連動する環境制御

居住・活動スペースの環境制御を行うにあたって、開口部の配置や大きさ、室の平・断面形状といった空間計画上の工夫による部分と、空調・換気設備や照明器具などの機械設備システムによる部分とがある。もちろん、居住者による工夫・環境行動も必要となってくるが、まずクリマデザインという観点から、空間計画上の工夫と機械設備計画との関係を見てみたい。

20世紀を通じて、建築の環境制御は機械設備や化石エネルギーに頼る傾向が強まった。機械設備が一般化するにつれ、機械を用いて力まかせに環境制御を行うという発想が出てきた。どのような空間であろうとも、機械の力でねじ伏せてしまえば、何とでも環境を担保することはできる。自由に空間を構想しておいて、その空間に見合うだけの能力の機械と化石エネルギーを投入すればよい。空間と機械設備との関係で言えば、空間が先

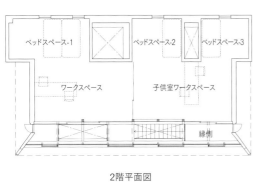

2階平面図

A-A'断面図

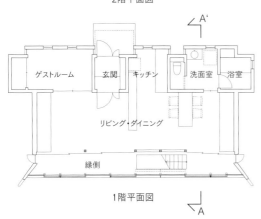

1階平面図

9　LCCM住宅デモンストレーション棟南側外観
10　LCCM住宅デモンストレーション棟北側外観
11　LCCM住宅デモンストレーション棟平面・断面図

49

行し、機械設備は後付けとなる。ただし、そのために費やされる化石エネルギーの量は莫大なものとなるはずだ。環境への負荷の低減という問題が顕在化しなかった時代はいざ知らず、現在では許されるスタンスではないだろう。

　時代が下り、現在では、省エネルギーの観点から機械の効率を高めていくことが求められる。機械を用いてひたすらにフラットな状態を目指すのであれば、外界からの影響はできるだけ少ないほうが扱いやすい。かくして、外界との接点を限定し、遮断された条件のもとで機器の効率を高めていくというスタンスが採られることとなる。いわゆるパッシブ・デザインが受け容れられにくい構図となり、空間計画上の工夫に意識が向かわなくなってしまう。機械設備が先行し、人間の活動する空間がそれに従うかたちである。機械の効率が高くなったとしても、果たして人間や生き物にとって快適なのかどうか疑問が残るだろう。

　そこで、これからの環境制御を考えるにあたっては、空間と機械設備を同時にイメージし、人間にとっての快適性と機械の効率化を両立させていくことが求められる。機械を用いつつも、自然の状態を残すクリマデザインは、実はパッシブ・デザインとも相性のよい考え方である。パッシブ・デザインにおいては、平面・断面計画によって、すなわち空間の特性を活かして室内環境をコントロールすることが目指される。クリマデザインにおいては、そこに設備機器が加わり、建築的な工夫と設備機器レベルでの工夫によって、効率よく快適な環境をつくり出していくこととなる。すなわち、空間と室内環境、設備システムを同時に考えていくわけである。建築と設備が統合され、建

築の付帯設備としての単なる設備設計を超えた、環境を意識した次代の空間デザインへと導くものである。

　たとえばLCCM住宅デモンストレーション棟では棟まで至る塔状のヴォリュームを北側に配し、そこで高低差に基づく自然の空気の流れをつくり出している [Figures 9 ～ 11]。同時に、その上部に換気扇を設け、換気扇による空気の流れとも重ね合わせている。建物全体を下から上へと緩やかに流れる気流がつくり出され、塔状のヴォリュームは通風塔としての役割を果たす。よどみを感じさせず、身体にも負担を与えない程度の穏やかな気流である。さらにこの塔状のヴォリュームは、室内空間の高さ方向への広がりを生み出し、外観においては集落のような様相を導き出している。環境と設備、建築空間が統合された結果と言えよう。

　近年の建築デザインの潮流を見てみれば、コンピュータによる解析技術の発展をもとに、構造分野での展開が著しい。構造デザインと呼ばれる分野が隆盛してきた。一方で、環境配慮を主題としたデザインについては、まだまだ十分な展開をしているとは言いがたい。機械まかせになって自然エネルギーの利用を軽んじることなく、機械の効率だけを考えて周辺との回路を切断するのでもなく、自然の力と機械設備を一緒に考える、新たな環境デザインが期待されるのである。

居住者の生活とクリマデザイン

　次に居住者とクリマデザインとの関係を考えてみたい。ある地域における生活は、その地の気候風土と密接に結びついている。逆に、特徴的な気候風土からは、ユニークなライフスタイルが導き

出される。その地の気候を意識した振る舞いがおのずから身に付いていくものと言えよう。

しかし、機械を用いて、いつでも、どこでも同じ環境を獲得できるようになったとき、居住者の気候への意識は希薄になっていく。設備機器のスイッチをオンにすることが、唯一の環境への働きかけとなりかねない。暑さを感じたときに、窓を開ける前にエアコンのリモコンに手が伸びてしまう。快適な環境を獲得するための主体的な工夫や行動から離れていくこととなる。

ここで、「楽（らく）」な生活と「楽しむ」生活の違いについて考察してみたい。心身への負荷が少ないことは、間違いなく「楽」な生活につながるだろう。しかし、医学やスポーツの専門家は、健康の維持のためには適度な負荷は不可欠であると言う。まったく負荷がない状態が長く続けば、いざという時に心身が十全に機能しないことにつながる。身体的あるいは心理的に適度な負荷があり、それに順応したり克服したりすることで、はじめて身体が活性化し、精神的な充足感が得られるものである。そこに「楽」な生活を超えた「楽しむ」生活が展開すると言えるだろう。

居住のための環境という観点でみれば、フラットな環境を用意し、負荷をなくして「楽」な状態を実現したとしても、それだけでは居住者にとって十分とは言えない。ひとときの「楽」を生活全体に敷衍することがゴールではない。適度（適切）な負荷を残し、その変化を「楽しむ」ことができるような環境を用意することが大切なのではないか。

そこから、起伏や変化を受け入れていくクリマデザインの考え方に結びついていく。機械やエネルギーに頼ることが当たり前のようになりつつある状況下で、今一度、自然と人間の生活との関係を再構築しようというのが、クリマデザインを推し進めるもう一つの狙いである。

もちろん、そこでは居住者の意識の変革も求められよう。環境制御は機械にまかせきりで、自らはリモコンの設定温度を変えるだけということではなく、居住者自身が環境に意識を向け、働きかけ、変化を楽しんでいくようなメンタリティが必要である。そして建築空間には、そういった居住者の意識を育むような仕組みや仕掛けが求められる。居住者不在の均質空間ではなく、居住者との応答性を持った空間である。

環境に配慮した住宅設計のパイオニアである藤井厚二の自邸である「聴竹居」では、風の抜けにくい平面中央部の居間において、小上がりとなった和室の床下を経由して冷やされた空気を導き入れることが提案されている。一方、南側には、冬季に集熱空間として機能する板敷きの縁側が設けられている。機械による環境制御がまだ容易ではなかった時代に、自然の力を利用して、季節に応じた居場所をつくり出そうという意図がうかがわれる。従来の和の生活様式の中に西洋化した生活様式が取り込まれつつある時代に、その混在するライフスタイルを踏まえつつ、日本の気候風土に即した室内空間及び環境が提案されたものと言えよう。居住者の意識を室内環境へと向け、環境を楽しむことを謳う住空間である［52、53頁 Figures 12 ～14］。

環境設備のカミングアウト

先に述べたように、近年、構造設計の分野にお

12 聴竹居南側外観
13 聴竹居居室。左側は三畳の小上がり、段差の部分
　 に室内への導気口がある。

14 聴竹居平面図

いては、構造デザインという概念が定着してきた。かつての構造設計は、空間をディスターブしない位置に構造体を配するという消極的な発想であり、意匠との関係で言えば後付け、後追いであった。しかし、現在では、設計初期の構想段階から構造家の参加が求められ、構造体をストレートに建築表現に結びつけるような事例も数多く見受けられるようになった[Figures 15、16]。

それに比べると、設備設計の分野は、まだまだ後付け、後追いという状況から脱し切れていない。力学的な力の流れをイメージしながら空間を構想するのと同様に、室内の気流や熱の移動をイメージしながら空間を構想するべきであるが、現状のほとんどの設備設計は、できあがった空間に不具合が生じないように設備機器を配置していくというレベルにとどまっている。設備と意匠双方の設計者の意識が、そこまで至っていないのだろう。まだ構造設計と意匠設計のような関係が構築されていないのである。

不具合を生じさせないようにという姿勢で設計に臨む限り、設備設計者は不足をなくすことだけに注力することとなる。意匠の設計者からすれば、設備機器が空間をできるだけディスターブしないようにという流れとなる。かくして建築における設備機器は、その存在を消し、隠蔽されるべきものとなってしまう。

しかし、構造デザインにおいて構造体自体が建築表現の一つとなっているように、設備機器自体が建築表現に大きく関わってくる可能性もあるはずである[Figures 17～19]。設備機器は室内の気流や熱の移動をコントロールするデバイスである。そこでのアクティビティと体感に密接に関わってくる。その家の中でのあり方を考えるにあたっては、所与の空間に機器を効率的に配置するということではなく、機器配置から空間の形状を導き出すようなデザインプロセスも考えられるのではな

15　東京カテドラル聖マリア大聖堂外観
16　大聖堂内観。HPシェル面が組み合わされ、印象的な内部空間をかたちづくっている。

いか。さらに、その延長には、設備機器を上手に隠蔽するという段階から進化して、設備機器そのものを一構成要素として空間デザインに参加させることも考えられるだろう。言うなれば、機械設備のカミングアウトである。機械設備を空間と併せて考えていくクリマザインならではの課題でもあり、また可能性と言えよう。

クリマデザインの可能性と環境文化

　ここまで、変動をおだやかに緩和する「静かな」環境制御という考え方に基づき、自然エネルギー利用と機械設備、建築空間とを統合していく、クリマデザインという概念について述べてきた。このクリマデザインという考え方は、建築デザインの一つの手法であることにとどまらず、自然と対峙する姿勢や生活の中での機械やテクノロジーの位置付けの見直しなど、これからの私たちの暮らしのあるべき姿を示唆するものでもある。

　20世紀に起きた工業化・情報化という波を経て、いま私たちは「環境の世紀」と呼ばれる21世紀を迎えている。この21世紀において建築・設備の設計に関わるものとして、これからの社会における新しい環境制御のあり方を探っていくことは、当然の責務と言えよう。クリマデザインというキーワードをもとに、そこから展開する新しい建築デザインと新しい生活の可能性を検証していくことが求められる。それは単なる技術的な課題の解決ということではなく、地域性や人間的な生活の回復に向けてのチャレンジという側面もあろう。それは環境を軸とした新たな文化──「環境文化」につながっていく。環境文化の時代における、新しい建築のあり方が問われている。

17　ラルフ・アースキン邸内部
18　ラルフ・アースキン邸外観
19　ラルフ・アースキン邸断面
　　厚い壁でしっかりと守られたヴォールト状の内部空間の中央部に暖炉が設けられている。

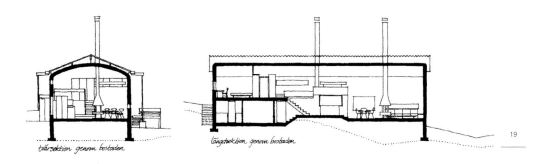

気候・風土とクリマデザイン

金子尚志　KANEKO Naoshi

場所のポテンシャルと建築

クリマデザインへ

　建築はその周辺環境との関わりで成立している。外部の環境の変動をやわらげ、風雨や暑さ寒さを防ぎ、人間の生活に快適な室内空間を確保することが建築の基本的な性能である。さらに、建築は単に外部環境から室内環境を防御するだけではなく、外部環境の状態に応じて、必要な環境の要素を取り入れ、あるいは遮断し、つまり「環境と応答」しながら快適で安全な室内環境をつくっている。

　このように、建築の外被（シェルター）は空気・熱・光・音・生物・社会環境など、多様な環境要素に対して制御する機能を持っているとみることができる [Figure 1]。よって、建築に求められるシェルターとしての機能は、周辺の気候条件や立地条件によって異なり、一様ではない。建築はその場所の外部環境や求められる内部の条件を考慮して計画し、また、暖冷房や換気設備、電気設備など、人工的な環境制御技術を導入する場合にも、外部環境条件や建築空間との関係を考慮して計画する必要がある。

　もともと建築は、気候風土に適応した建築的工夫によって、快適な環境を形成してきた。民家にみられる縁側空間、すだれ、深い庇、越屋根といった建築的工夫は、地域の環境に適応するように考えられた知恵と経験の蓄積である。現代の生活は人工エネルギー供給が前提となっているが、このようにエネルギーが安定的に供給されるようになったのは比較的近代のことである。産業革命が社会構造の変革をもたらし、近代工業化の幕開けとなった。20世紀に入り、様々な技術が進歩していく。1950年代になると、エネルギーが大量に供給されるようになる。機械を導入した人工的な環境制御技術が著しく進歩し普及した。これらの技術はこれまでの建築空間の概念を変え、現代建築の様相を大きく変えた。ニューヨークの摩天楼はその典型的な姿と言ってよいだろう [Figure 2]。

　さらに時代が進み、廉価にエネルギーが大量供給されるようになると、建築的工夫による環境制御手法よりも、安易な人工環境制御技術に依存した建築が多くみられることになる。レイナー・バンハムが近代建築における環境制御技術の進展として『環境としての建築』（The Architecture of the Well-tempered Environment）を著したのもこの時代のことである [Figure 3]。

　しかしながら、1970年代のエネルギー危機を契機に、エネルギー依存型の建築が見直されるようになる。その結果、建築自体に備えるべき環境制

御機能が再評価されるようになり、人工環境技術はその効率の向上に主眼が置かれるようになった。

建築的工夫により自然のポテンシャルを生かす手法は「パッシブデザイン」として新たな展開をみせた。さらに、1980年以後の地球環境問題の顕在化は、環境負荷低減の意味から省エネルギーとともに自然との親和性や、快適性・健康性までを射程にした「環境共生建築」として提示され、持続可能を意味する「サステナブル建築」へと続いてきた。これらに共通する要素技術の設計原理は、地域の気候風土に合わせて経験的な工夫が蓄積されたヴァナキュラーな建築手法に通じる点が多い。地域特性を読み解き、そのポテンシャルを活用する建築は、現代のテクノロジーを活用しながら統合したデザインをめざす、次の次元に移っていると言っていいだろう。自然環境を志向し、他方で人工環境の洗練をするといった、相反する志向が拮抗するなかからさらに多様なデザインが展開する可能性を持っている。

ダイナミックな地球の気候生成

地域の環境特性がよく表れているのが気候である。「気候」の語源は太陽黄経を示す暦をもとにした24節気72候にあると言われている。そして地球上における気候生成は太陽エネルギーに由来する。太陽と地球の関係をみると、地球の自転

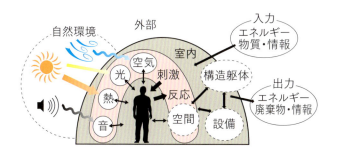

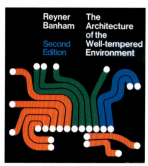

1　建築は多様な環境要素を制御している。
2　ニューヨークの摩天楼
3　Reyner Banham "The Architecture of the Well-tempered Environment", 1969年

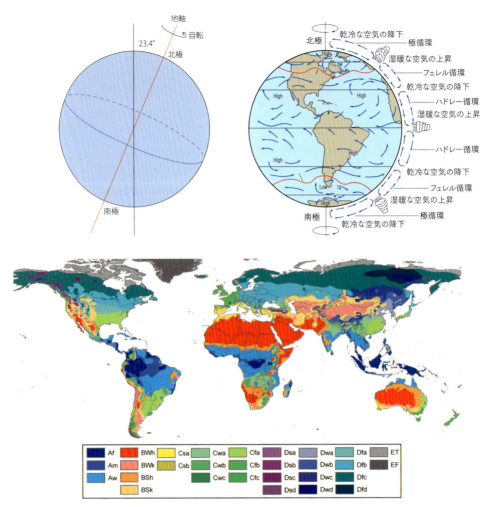

Af（熱帯雨林気候）、Am（熱帯モンスーン気候）、Aw（サバナ気候）、As（熱帯夏季少雨気候）、BWh・BWk（砂漠気候）、BSh・BSk（ステップ気候）、Cfa（温暖湿潤気候）、Cfb・Cfc（西岸海洋性気候）、Cwa・Cwb・Cwc（温暖冬季少雨気候）、Csa・Csb・Csc（地中海性気候）、Dfa・Dfb・Dfc・Dfd（亜寒帯湿潤気候）、Dwa・Dwb・Dwc・Dwd（亜寒帯冬季少雨気候）、Dsa・Dsb・Dsc・Dsd（高地地中海性気候）、Dfa・Dfb・Dwa・Dwb・Dsa・Dsb（湿潤大陸性気候・大陸性混合林気候）、Dfc・Dfd・Dwc・Dwd・Dsc・Dsd（亜寒帯気候・針葉樹林気候）、ET（ツンドラ気候）、EF（氷雪気候）

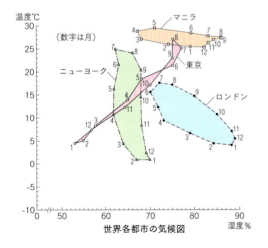

世界各都市の気候図

各都市の特色	夏	冬
東　　　京	高温・高湿	低温・低湿
ロ ン ド ン	適温・適湿	低温・高湿
ニューヨーク	高温・適湿	低温・適湿
マ ニ ラ	高温・高湿	ー

世界各都市の気候の特色

58

によって1日の変化＝昼夜の変化をもたらし、公転によって年間の変化をもたらす。ここで気候特性に最も重要な点が、公転軸に対して23.4°傾いていることである。気候は英語でClimate*1と表されるが、その語源はギリシア語のklima（地球域、地面の傾き）である [Figure 4]。

地球は表面の約7割が海水、3割が大陸である。水と土、この熱容量の違う物質の偏在と、地軸の傾きによって熱の分布が生じ、気温、天候の変化が生じる。地表の温度は、赤道付近で高くなり、極地付近で低くなる。その温度差によって大気と海水が動き、風の流れと海流となって気候をつくっている。空気は「大気の大循環」と呼ばれる地球規模の循環となり、表層での海水の動きは海流と呼ばれ、深層も含めた海洋の循環として動く。これらの循環は熱や水蒸気の移動をともない、地球規模の気温や降水量の分布に大きな影響を及ぼす。

このように、太陽エネルギーを源として、地軸の傾きが地域による気候の偏在を生み出し、大気や海水が絶え間なく循環して熱や物質が移動することにより、気候が生成され、地球環境のバランスがつくられている [Figure 5]。

場所が持つ特徴——景観・地形

地域的な視点から見たときに、その特徴を最もよく反映しているのは、自ら移動できない植物である。自然植生の地域的偏在を基にして気候を区分したのが、W.P.ケッペン*2であった [Figure 6]。ケッペンの気候区分は、気温と降水量を変数として気候区分を決定した点に大きな特徴がある。気温を熱帯・温帯・冷帯・寒帯の4区分に、降水量は年中降雨・冬季少雨・夏季少雨の3区分に分類し、それぞれの組み合わせによって基本の12気候区分となっている。

そこで生成する植生は、気候や土地条件の違い、さらには人的作用の関係性などによって植物のありようとなって現れる。そこには植生によってつくられた景観とも言える地域の特徴が現れる。一方で、建築もその場所に存在し、気候と切り離せない関係にある。地域の違い、その土地の風土に影響を受け、地域の景観をつくっていく。

このように見ていくと、気候は空間的に偏在するだけでなく、周期的な時間の変化と言ってもよいだろう。地域の特徴に時間の概念を含み、そのとき、そこでの状態を表していると言える。つまり時間軸と地理軸の交点である。気温を縦軸、湿度を横軸にとり、1年間にわたり各地域の月平均の変動をプロットしたクリモグラフで見ると、その地域の特性と地域による違いが明らかである [Figure 7]。

世界の気候風土と多様な建築の姿

場所のポテンシャルとともに存在し、地域の特徴を表す建築はどのような姿として現れるのだろうか。そして、そのポテンシャル、光・熱・風といったフジックスの要素がどのように建築的工夫として活かされているのだろうか。

ポータブルな住まい——ゲル

ゲルはモンゴル高原に住まう遊牧民の住居として知られている。中心にある2本の柱によって支

4　地軸の傾き
5　地球の大気循環（David Hodell and Ray G. Thomas『Atmospheric Circulation』を参考に作図）
6　ケッペンの気候型と植生（ウィキペディアより）
7　クリモグラフ（ニューヨーク・ロンドン・マニラ・東京）東京は湿度も温度も変動幅が大きい。

＊1——Climateは赤道から両極への傾きを意味するギリシア語klimaが原義。この傾きの具合によって気温、天候に変化が生じることから①ある土地の年間を通じての気候、②ある時代・社会の風潮・傾向・精神的風土、③気候上からみた地方・風土を意味するようになった。
＊2——Wladimir Peter Köppen（1846～1940）ドイツの気象学者・気候学者、植物学者

えられた構造を持ち、屋根部分には中心から放射状に梁が渡される。その結果、特徴的な円形の空間となる。羊の毛でつくったフェルトで屋根・壁を構成する。壁の外周部分の骨格は木組みで、菱格子に組んであり、接合部はピン構造になっているので蛇腹式に折り畳むことができる。この地域の年平均降水量は東京の1/4以下程度であり、年間を通して湿度が低い。気温は年較差が非常に大きく、夏40℃近くまで上がり、冬はマイナス30℃以下まで下がる。また、1日の気温変化も大きく、日中は汗ばむ気候でも、夜には0℃近くまで下がることがある。このような気候特性に対応するよう、寒さが厳しいときは、フェルトを二重張りにするなどの工夫がなされ、夏期の日中暑いときは床部分のフェルトをめくることで、簡単に風通しをよくすることができる [Figures 8, 9]。

季節によって居場所を変える――韓国の民家

韓国は日本に近い気候特性を持ち、四季の変化がはっきりとしていて梅雨もあるが、冬の寒さは日本よりも厳しい。日本の民家ではいろり、火鉢やこたつなど、局所的に暖をとる採暖が主流であった。一方、韓国の伝統的な住まいでは、寒い冬は床から面的に暖をとる「オンドル」（温突）で過ごし、夏は「マル」（抹楼）と呼ばれる半屋外の板の間で涼しくすごす方法がとられてきた。オンドルの開口部は床からわずかに立ち上がりが設けられ、寒気の侵入を防ぐ工夫が見られる。マルは一方の壁面を開放的に、もう一方には開閉できる木戸が設けられており、木戸の開閉によって通風のコントロールをする。季節によって生活の重心を変えて移動する住まいと住まい方の工夫である

[62頁Figures 10 〜 12]。

このように季節によって移動する住まい方は、季節の変化のある各地で見られる。

宗主国のスタイルと
植民地の気候を調整する空間――ベランダ

ベランダやバルコニーは宗主国のスタイルを守りつつ、アジア地域の植民地における強い日差しを避け、通風をよくするために用いられた形式が起源と言われている。ベランダ＊3は、住宅の母屋から外接して張り出した部分で、屋根がかかっているものを指す。また、バルコニーは屋根がないというのが一般的な定義とされている。

室内とは窓やドアなどで隔てられており、空間としては屋外である。日本においても明治期の建築に見られる形式である [63頁Figure 13]。日本の住宅における縁側はこれに近い。気候風土、地域の特性に合わせて調整された形態と言えよう。

日射と湿度を防ぐ高床式住居
――東南アジアの建築

赤道付近に位置する東南アジアの地域では、太陽が水平面に対してほぼ垂直な軌道となる。年間を通して湿度が高く、雨期には多くの雨をもたらす。この地域の建築はいかに日射を防ぎ、通風を確保するかが課題である。典型的な形式の一つは高床式住居である。通風の効果だけでなく、洪水や野生動物から防御する目的も併せ持つ。窓には木製のブラインドが取り付けられ、日差しと雨を避けながら風を通すといった機能を重ね合わせた工夫が見られる。また、マレーハウスにみられるような木の彫刻はマレー系の伝統工芸でもあり、

8　モンゴル草原のゲル
9　ゲルの内部

＊3 ―― Veranda、verandah（ポルトガル語）は　インドに渡り、そこから世界に広まったと言われている。

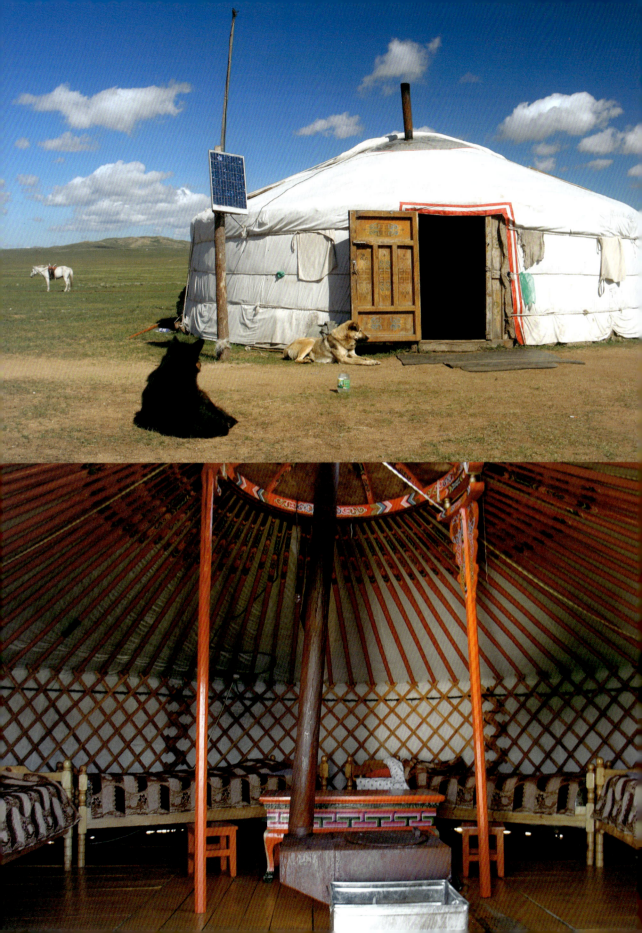

10 半戸外空間のマル
11 韓国のオンドル部屋内部
12 韓国の伝統的な住まいでは夏と冬の部屋を使い分けていた。
　　冬のオンドル部屋(左)と夏のマル(右)

13 1896年竣工のジョサイア・コンドル設計の旧岩崎邸南面には1、2階とも列柱のある大きなベランダがある。
14 マレーハウス
15 マレーハウスの気候デザイン

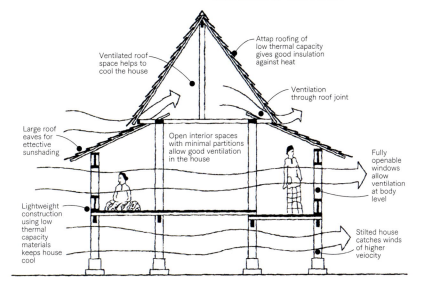

通風の機能的側面と文化的側面の重層とも言える。屋根には椰子、枠組みには竹、壁には木材と、地域の自然素材を使用し、結果として熱をためないように、熱容量が非常に小さくなっているのもこの地域の建築の特徴と言えるだろう [63頁Figures 14, 15]。

砂漠地域の採風装置——バッドギア

　西アジア、中東の気候特性は、年間を通して気温が高く乾燥している点にある。冬の平均気温は15℃程度であり、夏の最高気温は50℃に達することもある。そのため、少しでも温度の低い地中熱を活用するために建物は地面に掘り込まれ、室温を下げる工夫をしている。さらに、通風によって可感気流を確保するとともに、建物全体を冷却する工夫として、卓越風の方向に向けて設けられたbadgir（バッドギア）[Figures 16, 17] と呼ばれる通風・排熱・換気の装置が設けられている。風のあるときはここから風を取り込み、風のないときでも重力換気によって排熱、換気の役割を担う。バッドギアから住居を通ってコートヤードへ、風の入口・通り道・出口が確保された空間構成によって、外部環境よりも低い室温となる。コートヤードのない住居は、中央に天井の高い空間を持ち、その高窓から風が抜けていくように工夫されている。

防御のための最小限の開口部——北欧の民家

　開口部は熱や光の取得に欠かせない一方で、室内からの熱が逃げていく部分でもある。年間を通して外気温の低い北方地域の住まいでは、熱の取得よりも、損失を防ぐため、徹底した防御型の構成が見られる。厚い壁、断熱を意図した屋上緑化に加え、室内の熱損失を最小限にするための極端に小さな開口部が特徴的である [Figure 18]。

　このように、建築はその場所の特徴を建築の姿として、生活のありようとして現れる。その場所の気候・風土、さらには地域の文化なども反映して、特徴を持った建築的工夫と住まい方によって室内環境をつくっている。

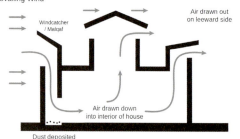

16　屋上に設けられたバッドギア（パキスタン、シンド州）
17　バッドギアと風の流れ
18　北欧の草屋根の民家

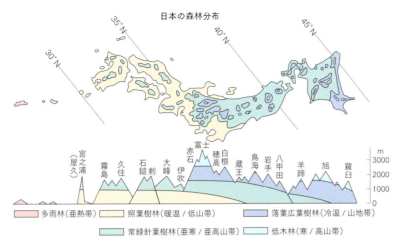

日本の気候風土と建築の姿

日本の気候・風土

日本はアジアの東に位置し、世界の中でも国土は狭い。しかしながら、北海道から沖縄まで、北緯28度から45度にかけて南北に細長い島国であり、日本付近を流れる海流の影響もあり、多様な気候をもっている。一つの国の領土内に熱帯から亜寒帯までの気候を含むことは珍しい。北半球では日本の他には世界で3番目に広い国土を持つ中国、4番目に広いアメリカがあるくらいである。ケッペンの気候区分によると、本州以南沖縄諸島大東諸島以北の大半が温帯多雨夏高温気候（Cfa）、宮古諸島・八重山列島（石垣島・西表島・与那国島・波照間島）・沖大東島などでは熱帯雨林気候（Af）に属する一方、北海道などが亜寒帯湿潤夏冷涼気候（Dfb）を示す。モンスーンの影響を受け、四季の変化がはっきりしているのも特徴である。そして、全般的には海洋性気候のため

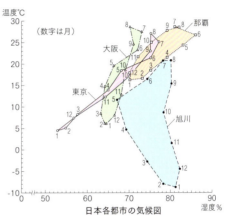

19 日本の気候帯と森林分布
20 クリモグラフ（東京・旭川・大阪・那覇）
21 日本の気候区分

に、大陸と比較すると冬の寒さはそれほど厳しくなく、温和な気候と言える。

　ケッペンの気候区分では３分類であるが、実際はさらに多様な特性を持つ。日本列島は南北に伸びている地形的特性と、季節風や海流の影響から地域によってその気候が異なる。一般的には以下の６つに分類されることが多い [Figure 21]。

　①北海道気候──夏は涼しいが、冬の寒さが厳しいのが特徴である。年間を通しての降水量は北陸地方より少ない。梅雨や台風の影響がほとんどない。

　② 太平洋岸式気候──夏は南東からの季節風の影響を受けて雨が多く、湿度・気温ともに高く暑い日が多い。冬は北西からの季節風の影響によって冷たい乾いた風が吹き、乾燥した晴れの天気が多い。

　③日本海岸式気候──冬は北西からの季節風の影響を受けて雪が多くなり、山沿いの地域では豪雪となる。夏は晴れた日が多く、気温も高い。

　④内陸性気候──季節風の影響を受けにくいので、年間を通して降水量が少ない。気温の年較差、日較差が大きい。

　⑤瀬戸内式気候──夏は四国山地、冬は中国山地が季節風をさえぎるため、年間を通して晴れた日が多く、雨が少ない。

　⑥南西諸島気候──沖縄・奄美諸島・小笠原諸島を含む地域。年間を通して気温が高く、雨が多い。

　北海道気候をさらに日本海側と太平洋側に区分し、太平洋岸式気候の東北地方を区分するなど、さらに分類する場合もある。

日本の気候と建築の姿

　日本の住宅は「夏を旨とすべし」として、高温多湿な気候に対して周到な建築的配慮がなされてきた。たとえば、大きな屋根は日射を遮へいするための、開放的な開口部や室内構成は通風を確保するための建築的工夫である。断熱・気密が低く、開放的な開口部をカバーするように縁側が配置されて環境調整を行ってきた。囲炉裏やこたつといった採暖手法が普及したのも、断熱性が劣る日本の住宅における住まい方の工夫である。

　日本の気候は地域的な多様性とともに、季節による変化も大きい。四季のある日本では外部環境に応じて建物の状態、住まい方を変えて過ごしてきた。また、夏の日中は日射を遮へいして室内の

22

23

温度上昇を抑えつつ自然の風を取り入れ、気温の下がった夜間には窓を開けて冷気を取り込む。季節の変化だけでなく、昼夜の変化に対しても工夫がなされていたことも重要な点である。

このように多様な気候特性をもつ日本では、地域によって建築の姿も様々な姿を見せる。

チセからブロック住宅へ──北方の住まい

寒冷な樺太や千島列島では夏は「チセ」に住み、冬は「トイチセ」（土の家）という竪穴式住居に住んでいた [Figure 22]。冬の住まい＝トイチセは屋根を草で葺いた上に厚く土を被せることで断熱を確保する。寒さはしのげても閉じた環境は劣悪で、寒気がゆるむと夏の住まい＝チセに移ったという。チセの平面は長方形を基本とした一部屋の構成である。固めた地面に茅を敷き、その上にキナ（織ったござ）を敷いて床とし、茅で葺いた壁にはチタラベ（花ござ）で覆って仕上げる。床の中央部にアペオイ（囲炉裏）が切られ、奥の壁には、神聖な窓「カムイプヤラ」が設けられる。このカムイプヤラは神聖とされる東、あるいは山側、川の上流部が覗けるよう穿たれている。入口はこの反対側につくられるため、チセの立地は地形の制約がなければ東西、あるいは川の流路に平行である場合が多い。

このような民家や、夏を旨とする本州型の住まいでは、北海道の厳しい気候に建築的に適応できないまま過ごす時代が続いた。時代が進み、昭和28年に「北海道防寒住宅建設等促進法」が制定され、北海道の住宅が独自の発展をみせる。コンクリートブロックを主要構造に使ったブロック住宅の出現である。北海道に広く産出する火山礫を素材として活用したブロック住宅は、耐火性とともに気密性が確保され、これまでよりも暖かな住まいが実現された。昭和30年代から50年代にかけて大量に供給され、その後の二重積み＋外断熱工

22　チセ（平取町立二風谷アイヌ文化博物館）
23　南部曲屋
24　白川郷の合掌造り

25 京都の町屋の構造と空気の流れ（作図／TUBE）

法などさらに工夫された手法へとつながっていく。地域の素材活用、寒さへの対応として先駆的な事例と言えるだろう。

母屋と馬屋がL型に連続──南部の曲屋

盛岡市周辺や遠野地方を中心に見られる南部曲屋は、冬期の積雪時に馬の飼育が不便になることから母屋炉と連続させて鍵型になったと言われている [66頁Figure 23]。かまどや囲炉裏の暖気が厩の空間を通り、入母屋の破風窓から抜けていくことで冬の寒さから馬を守る建築的工夫である。

急勾配の厚い断熱屋根──合掌造り

豪雪地域に見られる合掌造りは、急勾配の茅葺屋根が大きな特徴である [67頁Figure 24]。豪雪による雪下ろしの作業の軽減や多雨地域での防水性向上を目的とした結果が、このような形態となっている。屋根の勾配を急にしたことで、屋根裏に2

層から3層の大きな空間が生まれ、豪雪への対策だけでなく、地域の産業である養蚕業にとっても都合が良いものとなった。建物配置についても周辺環境との関係が考慮されており、例えば白川郷では、建物は南北に面して建てられている。これはこの地域の風向きを考慮し、風の抵抗を最小限にするとともに、屋根に当たる日照量を少なくすることで夏を涼しく過ごす工夫である。

　大きな屋根は結果として外壁が少なくなり、厚い茅葺屋根による断熱効果と、大きな屋根裏空間によって居住空間の環境がつくられている。

二つの庭で風の流れをつくる──京町家

　京都は地形的に盆地（山城盆地）の中に位置しており、夏と冬、昼と夜とで温度差が大きい。夏の暑さは厳しく、特に日中の気温が高い。京町家はこのような夏の暑さに対して、二つの吹抜け空間を持つことで、通風、換気、採光を得る工夫をしてきた。それが「坪庭」と「裏庭」である。うなぎの寝床と呼ばれるように間口が狭く奥行きが深く、両側には住戸が連続する。隣接する住戸によって外壁の断熱性能は十分に確保されることになるが、一方で採風、採光する部分が限定されてしまう。そこで二つの庭が環境制御装置として機能するのである。風が吹くと二つの庭に圧力差が生じ、空気が動く。風のないときでも、裏庭に打ち水をすることで空気の動きが生じる。二つの庭の微気候の微妙な相違が流れをつくるのである [Figure 25]。

台風と日差しへの対応──沖縄の民家

　沖縄の民家の多くは、台風に備えて敷地周囲に

石積みの塀を巡らせた上に屋敷林を配置し、強風であおられないように軒を低く構えた構成がとられる [Figure 26]。琉球瓦の隙間を漆喰で塗り固め、瓦の赤と漆喰の白とのコントラストは沖縄民家の外観の特徴にもなっている。夏季の日射を遮るために軒を深く出した軒下空間は、雨端と呼ばれる [Figure 27]。室内は畳敷きの和室で、広い土間をとり、縁側や床の間など開放的な日本の民家の構成要素を踏まえたものである。

　第二次世界大戦後、米統治下において応急的な木造規格住宅が多くつくられ、その後、鉄筋コンクリート構造が一般化していくなかで、地域の景観も変化を見せた。

26　沖縄・竹富島の民家
27　沖縄の民家の軒先空間（雨端）

このように、多様な気候特性をもつ日本では、それぞれの地域における様々な工夫によって室内環境をつくってきた。一方で技術の進歩は機械技術によって、一定の快適な環境をつくることができるようになった。しかし、そうした機械設備の普及は建築的工夫の喪失につながり、機械による制御をより効率よくするために、建築は閉じる方向へ向かった。四季をもつ日本や、蒸暑地域であるアジアにおける建築のありようは、閉じるだけでなく、いかに開くかという工夫が必要なのではないだろうか。

「開く」ということ

環境への負荷低減──環境側からの要請

気候が建築の姿をつくり、建築が地域の景観をつくる一方で、文化、社会のありようも建築の姿を変えてきた。20世紀は「エネルギーの時代」と呼ばれることがある。大量のエネルギーを安価に供給することが可能になり、それを推進力として世界の経済は急成長した。その結果、都市が変わり、住宅が変わり、生活が変わった。暖冷房が普及し、給湯が一般化し、住まいの環境は便利で、ある意味では快適になった。他方でエネルギーの動向を見ると、1965年から2008年までの間に1世帯で消費するエネルギー量は2.2倍になり、大量のエネルギー消費は地球環境の劣化をもたらした。

そのジレンマを解くためにエネルギー消費の効率化や再生可能エネルギーの利用が強く求められるようになった。その方法は、「建物の性能を上げ、太陽・風・緑・水といった自然のポテンシャルを活かすことによって、エネルギーの需要を根源から減らすこと」である。

地域の環境のポテンシャルを活かすためには、地域風土の特性を反映し、自然との共生に根差した計画が求められる。社会のグローバル化が進むほど、ローカルな価値は高まる。21世紀は「環境の時代」であるとともに「地域の時代」と言えるだろう。

快適な住まいを──身体側からの要請

住まいが環境に合わせて姿を変える表現として「衣替えするような住まい」と言われることがある。季節ごとの外部環境に応答するように変える。しかし、衣替えする素材、住まいが衣替えをするための道具立てがなければ衣替えはできない。1年中、Tシャツにジーンズのような住宅や、厚いダウンジャケットを着ているような住宅もある。住まい手が外部環境の変化、身体の状態に応じて衣服を選択するように、住まい手が家の状態を変える。状態を変えながら住まう、住まい手の動的な状態を用意することが必要だろう。外部環境とどのように応答するか。言い換えれば、「身体感覚を旨」とした住宅とも言える。衣替えする住宅とは、住まい手の環境に対する反応の結果なのである。

「衣替えするような住まい」と表現された空間は、身体感覚における「幅」や「可変性」を備えている。衣替えをするタイミングは一様ではない。外部環境と人間側の関係によって、その個人によって変化するものだ。これらの多様な環境のモードを感知しながら関係性をつくりだし、「開く住まい」を可能にする。開くためには、住まい手の「感度」が重要な要素になる。快適な幅を見

つける感度と言っていいだろう。現代の技術で周到に装備された設備やセンサーが示す状態もそれを判断するのは人間の感度なのだ。

情報社会化が進むほどに身体の感覚が重視される。『養生訓』は、正徳2年（1712）に福岡藩の儒学者、貝原益軒によって書かれた健康（養生）についての指南書である。季節ごとの気温や湿度などの変化に合わせた体調の管理をすることにより、初めて健康な身体での長寿が得られるといった内容が述べられている。技術が進歩した現代だからこそ、改めて身体に向き合う、身体感覚を研ぎ澄ますといったことが必要なのではないだろうか。

環境としての建築

レイナー・バンハムが著した『環境としての建築』の原題は"The Architecture of the Well-tempered Environment"である。そのまま日本語に訳せば、「良く調整された環境の建築」となる。バッハの有名な「平均律クラヴィーア曲集」の原題も、well-tempered（原題独語：Das Wohltemperierte Clavier）*4という言葉が使われている。原題の"wohltemperiert（e）"とは、鍵盤楽器があらゆる調で演奏可能となるよう「良く調整された（well-tempered）」という意味だと考えられている。環境制御技術が近代建築に大きな影響を与えた時代は、「良く調整された」ことがまずは目指す環境であっただろう。21世紀をむかえ、環境の時代、地域の時代に移行している。邦題の「環境としての建築」は、初版から半世紀を経た現在にこそ、意味があると考えられるだろう。環境制御技術によって建築空間の可能性を拡大し、地域の気候風土、自然エネルギー、そして地域の文化までも包含した「環境としての建築」。場所のポテンシャル、微細な時間の変化をとらえ、環境の状態と応答するような建築空間ではないだろうか。

閉鎖系の環境制御から
閉鎖もできる開放型の環境制御へ

「閉じる」ことで効率的に環境負荷への低減は達成するが、結果として住まい手の活動を縮小する方向に向かう恐れがある。一方で「開く」ことは、住まい手の領域を広げ、よりアクティブにする方法と言える。そのためには、断熱・気密された閉じる基本性能の必要性は言うまでもないが、開くための建築的工夫、開放型の環境制御が必要である。

窓、建具やブラインドといった開口部まわりの工夫は開くことを可能にする方法の一つであろう。これら建築における動く部分を適切に選択し、組み合わせることで多様なモードに対応できる開く住まいが可能になる。動く部分の建築的工夫を多層レイヤーとして、衣替えに必要な要素をつくることができる。

「開く」とは、その場所に潜むポテンシャルをみつけ、その環境と応答することであるとも言えるだろう。このように考えると、外部環境との関係をとらえる場合に、境界を線ではなく幅という概念で考えることで環境と応答する可能性が見えてくる。閉じる住宅は外部環境との境界に幅は必要なかった。人工環境をベースとし、いかに外界のインパクトを中に入れないようにするかに重点が置かれていたからである。幅を持った境界と人間の感度が環境と応答する建築を可能にしていくと考えられる。

*4──ヨハン・ゼバスティアン・バッハが作曲した鍵盤楽器のための作品集。1巻と2巻があり、それぞれ24の全ての調による前奏曲とフーガで構成されている。第1巻（BWV846〜869）は1722年、第2巻（BWV870〜893）は1742年に完成した。

開くための住宅では境界に必要な機能が分節され、環境の状態に合わせて変化できる窓と窓まわりの空間が必要になる。縁側空間を想像するとわかりやすい。これまでの窓や窓まわりは空調や人工照明技術との関係で考えられてきたが、改めて外部環境に開く、外部との関係を取り戻すための、幅のある境界が必要になる。環境負荷低減とともに、人の快適性向上、その双方が求められるべきである。

ローカルエネルギーとユニバーサルエネルギー

地域との関係からエネルギーを見ると、二つのエネルギーに分けて考えることができる。一つは電力やガスや石油といった、何にでも変化させて使える、ある程度どこにでも持っていくことができる、ユニバーサルなエネルギーである。もう一つは太陽・風・緑・水などのその地域の自然にあるローカルなエネルギーである。電力やガスや石油のようなエネルギーに比べれば、エネルギーとしての汎用性は落ち、用途が限定される。しかし、住まいの快適性向上に大いに役立てることが可能である。ローカルエネルギーはなによりも身の回りに潤沢にあり、また環境を劣化させることがない。便利なユニバーサルエネルギーに依存した均質な室内環境とは違う、変化に富む自然とともにある快適さを、現代の技術と建築デザインによって目指す時代が来ている。

V. オルゲーは "Design with Climate"（1963）のなかで、外部環境の変化と室内環境計画の関係について、Figure 28のようなダイアグラムを用いて環境制御の手法を示した。外部環境の変化に対して、①周辺の微気候によって、②建築的工夫に

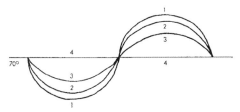

30. Flattening the temperature curve from environmental conditions (1) by microclimatology (2) and climate balance of the structure (3) to mechanical heating or cooling (4).

よって、③機械による暖冷房という段階的な手法で、室内環境を理想的な状態に近づけるという手法である。これはパッシブデザインの端緒以来、その考え方を示したものとしてよく用いられてきたダイアグラムである。

ここで改めて見直すべきは、第一に周辺の微気候によって室内気候をつくるという点である。その場所の、地域のポテンシャルを活かしてローカルエネルギーを最大化し、ユニバーサルエネルギーを最小化する。このようにしてできる空間は調整された均質なものではなく、環境のリズムに寄り添い、時には環境のリズムと人のリズムのズレを感じることができるような身体感覚に働きかける「良く調整された空間」となるであろう。

外部環境要素、建築的工夫、現代的な設備といった多様な要素の統合は、シミュレーション技術、素材の進化など、現代だからこそ達成可能な手法である。気候特性や地域の環境を活かし、さらには文化までも射程におき、環境工学的要素を援用しつつ目に見えない室内気候をデザインの対象ととらえることで、環境と応答する建築が考えられるのではないだろうか。このプロセスこそがクリマデザインの特徴の一つである。

---

28 オルゲーは "Design with Climate" のなかで、外界の変動（1）に対して、まず住宅周辺の計画によって（2）、次に住宅自体の建築的手法によって（3）、最後に機械的な方法によって（4）、そのインパクトを和らげる理想的な状態に近づけることを述べている。

環境としての建築を求めて
環境制御におけるエネルギー利用の流れ

伊藤教子　ITO Noriko

自然と共にある建築

建築設備がない時代、人は雨・雪・風・砂・熱などから命と物を守るために、気候風土に合わせて試行錯誤し、建築をつくってきた。それは快適性を求めるということ以前に、最低限のシェルターであった。

そこには場所の気候風土、地域的特徴が顕著に表れている。暑さ寒さをしのぐための熱容量の高い外壁、地中温度を利用した地中住居、卓越風を利用したバッドギア、湿気対策のための高床式住居など、ヴァナキュラー建築は機械的な設備がない時代の、まさに生きるための人間の知恵の結集であった。

日本各地の民家もすぐれたヴァナキュラー建築である。地方・気候ごとにその特徴が表れ、環境制御に対するさまざまな工夫が施されている。たとえば世界遺産としても登録されている白川郷の合掌造りの民家は外観の美しさが際立つが、この形はその地の気候風土、産業から生まれたものである。

特徴的な屋根の傾斜は豪雪地帯での積雪対策や降雨量の多さから水はけを考慮している。急勾配の屋根から生れた空間を養蚕など家内工業に利用していた。下階での囲炉裏の熱を養蚕に利用するため、床材を竹などで組み、上下方向の空気流通が確保されていた。また囲炉裏や竈からの煙は茅や木材をコーティングし、防腐効果を持っていた。そこには長い時間をかけて生み出された理にかなった環境制御の仕組みが存在している。

電気やガス、石油などがない時代、人が「暖」を採るものは直火のみであった。「冷」を採ることは難しく、風や地下空間、熱容量のあるものへの蓄冷で「涼」を採っていた。石の厚い外壁は太陽熱の室内への影響を時間差によって軽減し、石や煉瓦でつくられた暖炉や煙道は焚火中の熱を蓄熱し、火が消された後も緩やかに室内へ放熱されていた。

このように、機械化された建築設備がない時代では場所性や素材そのもののポテンシャルを活かした環境制御の手法がとられており、その手法は現在でも用いられている。断熱性の高い住居、卓越風を利用した開口部配置、床下換気や小屋裏換気、冬場の暖気利用など、材料や形こそ違うが根本的な考えは同じである。

工業化が進むにつれて建築材料が発達し、設備機器が住宅建築へ導入されるようになったが、住環境を少しでも良くするために工夫を施すという根底の考え方は、建築設備のない時代も今も同じである。

環境としての建築を求めて

住宅における暖房設備の導入

19世紀になると、人と建築を取り巻く環境は大きく変化した。電気の普及、産業革命による大量の燃料使用、都市への人口集中による環境汚染、これらに対応するように建築も建築設備も目まぐるしく発展した。19世紀初頭にはそれまでの裸火による囲炉裏や暖炉での採暖から木材や石炭を燃料にした暖房設備が導入され始める。

囲炉裏による採暖はヨーロッパでも日本でも各地域に共通したものであった。囲炉裏は燃焼による熱をすべて室内に放出するため室内へ還元される熱効率がよい反面、煙も室内へ充満するという問題があった。煙突や煙道で煙を外へ排出すれば室内環境はより改善されるが、熱もいっしょに排出してしまう。そこで、逃がしていた熱を蓄熱させ、室内に放熱するように周りを熱容量の大きな粘土やレンガで囲う暖炉が生み出されていく。

この排熱を利用した暖房設備にも国や地域による特徴が表れている。スイスやドイツ、北欧のカッフェルオーフェン*1 [Figure 1]、ロシアのペチカ [Figure 2]、韓国のオンドルなどが有名である。

これらは建築と一体化した暖房装置であったが、暖房装置として単体のストーブも登場する。これにより建築計画に組み込まれた暖房装置よりフレキシブルな場所での暖房が可能となった。日本でも19世紀中頃には北海道でストーブが製造され始めている。産業として製氷、冷凍機の技術が確立されたのも同時期であるが、冷房は建築設備にはまだ応用されず、もっぱら暖房装置の製造・普及が先に立っていた。

20世紀の建築家による「環境としての建築」

20世紀に入り工業が発展し、建築設備が徐々に普及し始めると、単なる付帯設備としての設備ではなく、建築家による建築設備と意匠とが総合的に設計され、建築的工夫により一体となった建築が誕生してくる。

レイナー・バンハム*2 は著書『環境としての建築』で、従来の建築史では居住空間を表現する外

---

*1——耐火煉瓦を積み、外側に壁タイルを貼った暖炉。オープン型の暖炉ではなく、炎や薪は直接見えないが蓄熱性が高いというメリットがある。

*2——Reyner Banham(1922〜1988)。近代建築史家。著書に『環境としての建築』『第一機械時代の理論とデザイン』『巨匠たちの時代』(いずれも鹿島出版会) がある。

面的な意匠性ばかりが取り上げられていたことに疑問を感じ、機械設備など住環境を包み込むすべてを対象にした建築史、環境史を書き上げた。

ここでいう「環境」とは、建築の内部における換気や温湿度、明るさなどの人に関わる生活環境のことである。今でこそ建築が完成した際には居住環境の側面で建築的工夫がいかになされているかという視点から建築を評価することが当たり前になっているが、バンハムはすでに1969年に出版したこの著書で、そうした視点から建築を詳しく記載している。

19世紀、建築設備が世の中にある程度定着し、20世紀初頭より建築家がその設備を用い、熟考した名作が誕生するようになる。フランク・ロイド・ライトによるジェイコブス邸やミース・ファン・デル・ローエによるファンズワース邸 [Figure 3] はその代表的建築と言えるだろう。

ライトは帝国ホテル設計のために日本に滞在中、初めてオンドル式の床暖房を体感した。この体験から床暖房の快適さを実感したライトは1936年竣工のジェイコブス邸 [76頁Figures 4〜6] の設計で床暖房を試みた。平屋の住宅の基礎兼用の床スラブに2インチの鉄管を約60cm間隔で埋

設し、そこへ地下室に設置したボイラーからの温水を供給している。住宅全体が基礎ごと暖められ、露出する暖房設備はなく、建物コアには煉瓦造の暖炉が配置されているのみであった。この床暖房は成功し、ライトによりgravity heating（重力暖房）と名付けられた。この住宅はユーソニアン・ハウスと呼ばれるライトの一連の住宅の最初の作品である。

ファンズワース邸（1951年）は建築家ミース・ファン・デル・ローエが最後に建てた住宅である。木々の中に建ち、ガラス張りのワンルーム空間に設備コアのみ存在する週末別荘である。シカゴという寒さが厳しい場所でガラス張りの建築を成り立たせるために、建築意匠と一体となった設備が計画されている。暖房は機械室に設置されたオイルファーネス*3からの温風により、吹出口はその存在を意識させないように設備コア上部に配置されている。また大理石貼りの床にはオイル焚きボイラーによる温水熱源の床暖房が採用されている。設計の詳細図にはコアの給排気ディテール図が存在する。外部開放が必要であるオイルファーネスやボイラーなどの煙突、厨房の給排気など大量のダクト設備をコアに集約するために、当初から効率的に設備を組み込み、意匠的にも十分検討されていたことがよくわかる。

日本の建築家による実験的暖房設備の試行

外国人建築家が種々の建築設備を採用して名建築を生み出した一方で、日本国内においても設備と建築とを一体化させた住宅が20世紀前半から誕生している。

荒谷登*4が述べているように、建築設備の導

1　多彩な装飾のあるカッフェルオーフェン
2　ロシアのペチカ
3　ファンズワース邸外観

*3——油焚き温風暖房機
*4——あらたに・のぼる（1933〜）。北海道大学名誉教授、建築環境学専攻。著書に『住まいから寒さ・暑さを取り除く——採暖から暖房、冷暴から冷忘へ』（彰国社）など

4 ジェイコブス邸でのグラビティー・ヒーティング（床暖房）試験を見るライト（左から２人目）
5 ジェイコブス邸外観
6 ジェイコブス邸平面図
7 土浦亀城邸居間。吹抜け天井面に２インチのパイプを一面に配置し、放射熱によるパネルヒーティングが試みられている。熱源は地下に置かれたボイラーによる低圧自然循環。天井裏に厚さ１インチのコルク板を断熱のために張り、パイプの周囲をシンダーコンクリートで充填し、モルタルで均し、亀裂防止のためにキャンバスを張っている。

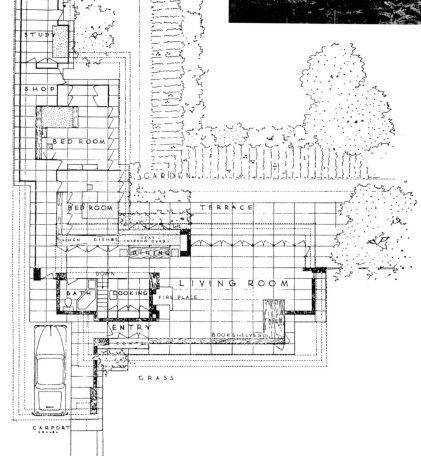

入により日本でも徐々に「採暖」から「暖房」へ、すなわち空間全体を暖める方法へと移行していくが、一般住宅においては北海道においてもオイルショックの頃まではストーブ中心の採暖生活をしていた。

その一方で、暖房設備を組み込んだ実験的とも言える自邸を土浦亀城[*5]は1935年にすでに完成させている [Figure 7]。また建築設備に詳しい山越邦彦[*6]も1933年に自邸で床暖房を試みている[78頁 Figures 8, 9]。さらに少し時は経つが、吉村順三が数々の住宅で温風放射暖房や床暖房を試みている。

土浦亀城や吉村順三のように実験的な暖房設備を積極的に取り入れた建築家に共通するのは、外国人建築家から影響を受け、海外からの情報にアンテナを張っていた建築家であったという点である。機械設備の技術は明治以降、急速に輸入され国内で発達しているが、建築家の建築設備に対する取扱いもやはり外国からの影響を多大に受けていたということであろう。

土浦亀城はフランク・ロイド・ライトのタリアセンで修業をしている。ライト自身が大倉喜八郎邸でオンドル暖房を体感したことから帝国ホテルの浴室に電気式床暖房を導入し、その後ユーソニアン・ハウスで gravity heating（重力暖房）を試みたことは前述したとおりだが、そのライトの下で経験を積んだ土浦も当時日本で一般的であったストーブなどの後置きの暖房装置ではなく、建築と一体化した暖房装置を試みたのである。

土浦邸では吹抜けの1階天井に配管が埋設さ

[*5]──つちうら・かめき（1897〜1996）。昭和期の建築家。ライトに師事し、初期の住宅作品である山懸邸や山本邸ではライトの影響が強く出ていたが、1930年後半からはバウハウススタイルと呼ばれるモダニズム風の作風に移行。自邸は昭和初期のモダンデザイン及び都市住宅の先駆けとなった。

[*6]──やまこし・くにひこ（1900〜1980）。建築設備設計技術者として科学性と社会性のあるオートノーマスな建築を提唱。1933年の自邸 DOMO DINAMIKA では乾式工法・床暖房・ピロティを採用。また1938年の DOMO MULTANGLA では早くも太陽熱利用のほかバイオガス、雨水利用に着目するなど、日本のエコロジカルプランニングの先駆者であった。

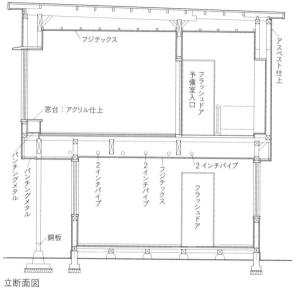

8 DOMO DINAMIKA。山越邦彦はピロティ、乾式工法、温水床暖房などを用いた実験的住宅を自宅で試みた。エスペラント語でDOMO DINAMIKAは「動力学的住宅」といった意味。

9 DOMO DINAMIKA平面図、断面図。2階を居室にしたことについて山越は「温水床暖房の能率を極度に上げていると同時に湿気の多い日本には最も適した構造であるばかりでなく、衛生設備、防盗にもこれほど便利な構造はない」と述べている。当時、小型の循環ポンプはまだ市販されておらず、自然対流で温水を循環させなければならないという事情もあった。

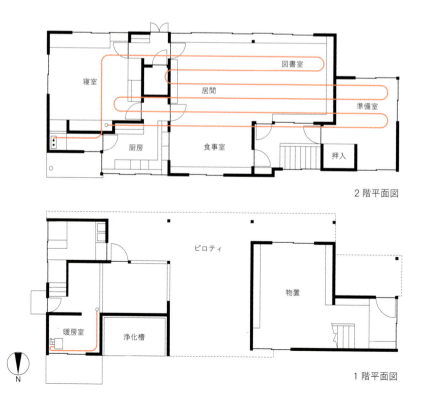

れ、天井放射暖房が試みられている [Figure 7]。建物は乾式工法で、籾殻による断熱が施されている。今となっては吹抜け空間の暖房になぜ床面に配管を設置しなかったのかと思われるが、当時は配管のピッチや太さなどもわからないまま、見よう見まねで設置したと本人は述懐している。また磯崎新との対談では、土浦は自邸の暖房に対して「あまり効果はなかったが、作った手前仕方なく運転していた」とも語っている。設備設計者に頼らずに自ら自邸で実験的に試みた天井放射暖房はいささか失敗に終わり、実用されなかったことがわかる。

同時期に山越邦彦も自邸 DOMO DINAMIKA で床暖房を導入している。山越の場合、床暖房部分に関しては建築設備設計の専門家である柳町政之助[7]に設計を依頼しているが、住宅規模の建築で建築設備設計者が建築家と共に設計を行うことは珍しいことであった。柳町自身も1930年に自宅で床暖房を試みている。その後も大規模建築の床暖房を設計するなど、新しい設備導入を熱心に行った建築設備設計の先駆者である。

コルビュジエやミースと同時期に、日本において積極的に暖房設備を建築に組み込んだ建築家と言えば、まず吉村順三の名が挙がる。なかでも1970年竣工の脇田邸は建築と設備が見事に一体化した建築と言える [80〜81頁 Figures 10〜12]。

軽井沢に建つ脇田邸では湿気対策から居住空間は2階となっている。1階部分に暖房用機器としてオイルファーネスを設置し、そこからの温風を床下経由で室内へ吹き出し、リターンダクトでオイルファーネスまで戻している。

水式の床暖房とは違い、空気式の放射暖房と直接暖房の組合せである。床下部分はデッキプレートの凹凸をダクトとして利用、吹出口や吸込口は意匠に融合させ、家具の裏や鴨居の隙間などが利用されている。元所員の話ではこれら設備全体も設備設計者ではなく、吉村事務所の所員が試行錯誤の上で行っていたとのことである[8]。

アメリカで温水床暖房を体感した吉村は、積極的に建築と一体化した暖房に取り組んだが、当時は暖房の連続運転という感覚が乏しく、水式の床暖房は凍結などの恐れがあったため温風式に至ったとある。

このように日本でも海外に劣らず放射暖房の住宅への導入が先進的に行われたが、それは一部の建築家によるオーダーメイドによるものであった。1960年には日本でも放射暖房のパネルヒーターが製造販売され始めるが、住宅へ導入する設備としての普及はもっと先となる。実際に住宅に放射暖房が汎用されるようになるのは、ガス会社がシステム化した床暖房を発売するようになる1990年以降のことである。

エアコンの普及とその功罪

このように、一部の建築家による先駆的な放射暖房の建築への導入が試行されたが、それとは対照的に、1960年代以降、一般の室内の温熱環境の制御を最も大きく変えたのは、言うまでもなくルームエアコンの普及である。

エアコンはその建築のおかれた場所性や気候的特徴とは無関係に、閉じられた室内温熱環境を実現してくれる。エアコンはその手軽さで瞬く間に普及したが、そのために建築家が建築の温熱環境に対する工夫を手放していったことも否めない。

---

*7──やなぎまち・せいのすけ（1892〜1985）。床暖房技術の日本のパイオニア。またソーラーハウス開発においても世界的先駆者として知られる。高砂熱学工業（株）初代社長。著書に『煖房と換気』がある。
*8──座談会「住宅と床暖房──吉村順三にみる試行とその変遷」（奥村昭雄＋平尾寛＋野沢正光、solar cat no.33）中の平尾寛氏の発言

エアコンは建物に後付けで簡単に取付けられる。そのため建築をつくり上げる過程で、建築家と設備設計者がその温熱環境を熟考する機会が希薄になったのではないだろうか。

現在でもエアコンは建築設備ではなく、後付けの家電製品の感覚である場合が多い。建築計画が固まった段階で、さてどこにエアコンを設置しましょうか、といった具合である。建築の高断熱・高気密化による場所性のなさもこうした傾向に拍車をかけていると思われる。建築は一つとして同じ環境に存在しないのであるから、つくり手はまず建物の場所性・気候・風土をよく知った上で建築的工夫をしつつ、冷暖房設備を同時に計画するというクリマデザインの原点に戻るべきだろう。

自然エネルギー利用とローカリティ

建築分野に関わらず、世界的に太陽エネルギーの利用研究が発表され始めるのは1950年代からである。日本ではソーラーハウスの先駆けとなる柳町ソーラーハウスが柳町政之助によって1956年に竣工している。その後も木村建一[*9]による木村ソーラーハウス（1972年）、葉山成三[*10]のサーマルハウス（1979年）［83頁 Figures 13, 14］など続々と自然エネルギー利用を試みた住宅が竣工している。

葉山はサーマルハウスで太陽熱の温水利用による給湯と暖房を行い、さらには太陽熱温水熱源利用の吸収式冷凍機による冷房にまで挑戦している。冷房以外は大成功であったと本人が記しているが、その後、自然エネルギー利用の冷房システムの画期的な設備開発には至っていない。現在でもその命題は数々の建築家や設備設計者により検討され続けている。また葉山は建物でのエネルギー利用について「エクセルギー」という概念を持ち出し、低質な熱源による冷暖房システムを目

10　脇田邸外観

[*9]──きむら・けんいち（1933～）。早稲田大学名誉教授。編著書に『建築環境学1』（丸善）、『民家の自然エネルギー技術』（彰国社）など

[*10]──はやま・しげぞう（1927～2009）。建築設備設計家。上智大学、世田谷区深沢環境共生住宅団地などでエクセルギー理論に基づく建築設備設計を手がける。著書に『天井冷暖房のすすめ』（ちくまライブラリー）がある。

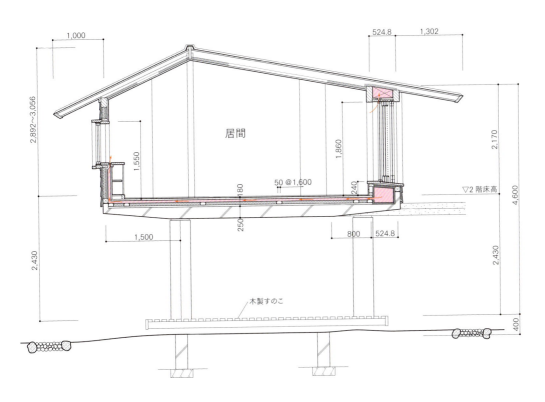

11 脇田邸居間部分断面図。湿気の多い敷地条件からRC床版をピロティで上げ、すべての居室を2階に設けている。暖気のサプライダクトは南面開口部窓台下を利用し、そこからデッキプレートを通して床下全体を暖め、北側の窓下から室内に導入している。リターンは南側開口部上部の鴨居障子溝を利用したリターンダクトから1階機械室に戻している。

12 脇田邸ダクト断面詳細図

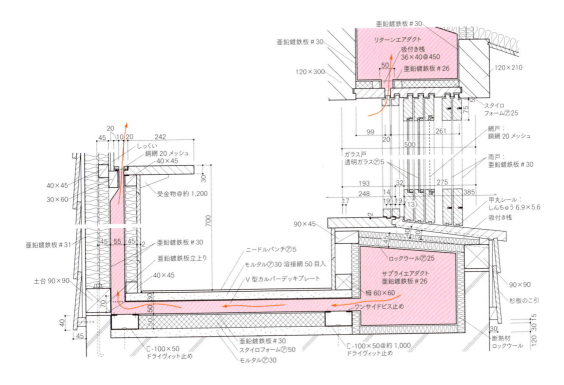

指した。その後、このエクセルギーという概念は宿谷昌則[11]により学術的に研究され、現在では建築におけるエネルギー利用の根本的な考え方として広く知られるようになった。

一方、柳町や葉山ら設備設計者による技術的観点から自然エネルギー利用にアプローチした建築、いわゆるアクティブ手法による建築に対し、建築家によるパッシブ手法による環境志向型建築も80年以降に数々発表されていく。小玉祐一郎[12]のつくばの家 [84頁 Figures 15〜17] や奥村昭雄[13]、野沢正光[14]らによるOMソーラーの開発 [85〜87頁 Figures 18〜23]、難波和彦[15]の箱の家シリーズなどが代表的なものである。これらの試みは立地条件や気候風土を熟考し設計されているハンドメイド的なローカリティのある建築である。

また日本の中では取り立てて厳しい気候である北海道では20世紀初頭から北海道の気候風土に対する建築のあり方の独自な研究が進められ、寒地土木研究所や北方建築総合研究所は北海道というローカリティの中でのスタンダードを発信してきた。さらに上遠野徹[16] [88頁 Figures 24, 25] や圓山彬雄[17]ら北海道を代表する建築家たちによって気候風土にあった建築がつくりだされてきた。

三つのキーワードと
クリマデザイン

19世紀の産業の発達に伴いエネルギー利用は爆発的に増大し、住環境、地球環境に危機的な変化が起こった。その反省から自然エネルギー利用が着目され、建築へも積極的に用いられるようになる。さらに最近では建築自身で自らの必要エネルギーをつくり出す「創エネルギー」という考えも登場してきている。

建築を取り巻くエネルギー利用は時代と共にどのように変化してきただろうか。それは端的に「高温から低温へ」「点から面へ」「間欠から連続へ」という三つのキーワードで表現されよう。

高温から低温へ

直火による採暖が調理以外での生活におけるエネルギー利用の始まりである。熱源温度では300〜1300℃程度である。長らく囲炉裏や暖炉、火鉢やストーブなどによる採暖の生活が続くが、19世紀の産業発達により機械設備であるボイラーでの蒸気や温水による暖房が始まる。熱源温度としては、蒸気は100℃、温水は80℃程度である。ボイラーでつくられた温水や蒸気をコンベクターやラジエーターに流し、室内を暖房した。搬送設備の開発により部屋全体を暖める暖房設備が発達したが、暖房装置そのものは蒸気や温水の温度によりかなり高温であった。

1960年頃からは60℃程度の温水温度が定着しはじめ、2000年くらいになると更に低温の50℃以下による「低温暖房」というキーワードが出てくるようになった。これら熱源温度の変化は建築性能の向上や建築設備技術の発達によるが、エクセルギーという概念の定着にも関係していると言えよう。

点から面へ

囲炉裏や火鉢、暖炉などは部屋全体を暖めるものではなく、局所的な暖かさを供給するもの、採暖であった。建築設備のない時代にはこのような

---

*11——しゅくや・まさのり (1953〜)。東京都市大学環境情報学部教授。著書に『エクセルギーと環境の理論』(井上書院) など
*12——こだま・ゆういちろう (1946〜)。建築家。著書に『エコ・ハウジングの勧め』、『住まいの中の自然』(丸善) など
*13——おくむら・あきお (1928〜2012)。建築家。空気集熱式パッシブソーラーの開発者、木工家具デザイナー。著書に『奥村昭雄のディテール』(彰国社)、『パッシブデザインとOMソーラー』(建築資料研究社)、『樹から生まれる家具』(農文協) など

*14——のざわ・まさみつ (1944〜)。建築家。代表作に相模原の家、いわむらかずお絵本の丘美術館など。著書に『住宅は骨と皮とマシンからできている』、『パッシブハウスはゼロエネルギー住宅』(いずれも農文協) など
*15——なんば・かずひこ (1947〜)。建築家。著書に『建築の四層構造——サスティナブル・デザインをめぐる思考』(メディア・デザイン研究所)、『箱の家 エコハウスをめざして』(NTT出版) など

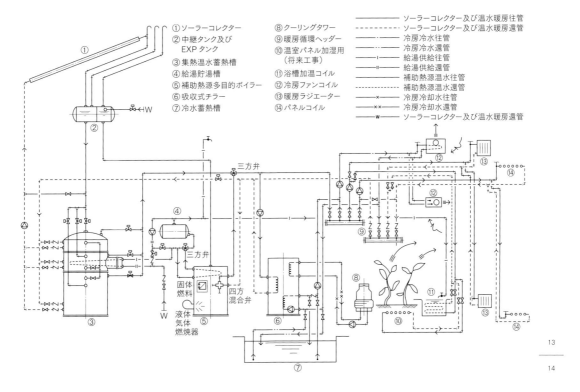

① ソーラーコレクター
② 中継タンク及びEXPタンク
③ 集熱温水蓄熱槽
④ 給湯貯湯槽
⑤ 補助熱源多目的ボイラー
⑥ 吸収式チラー
⑦ 冷水蓄熱槽
⑧ クーリングタワー
⑨ 暖房循環ヘッダー
⑩ 温室パネル加湿用（将来工事）
⑪ 浴槽加温コイル
⑫ 冷房ファンコイル
⑬ 暖房ラジエーター
⑭ パネルコイル

―――― ソーラーコレクター及び温水暖房往管
------ ソーラーコレクター及び温水暖房還管
―――― 冷房冷水往管
―――― 冷房冷水還管
―I――― 給湯供給往管
―II――― 給湯供給還管
―――― 補助熱源温水往管
------ 補助熱源温水還管
―x――― 冷房冷却水往管
―xx――― 冷房冷却水還管
―w――― ソーラーコレクター及び温水暖房還管

＊16──かどの・とおる（1924 〜 2009）。函館出身の北海道を代表する建築家
＊17──まるやま・よしお（1942 〜）。URB建築研究所主宰。コンクリート二重壁による細田邸、外断熱工法による矢島邸など北海道の風土に根ざした建築を手がける。105 〜 107頁参照

13　サーマルハウスI南側外観。最も居住環境を優先する居間を2階に配置、1階は個室と機械室
14　サーマルハウスIの暖冷房・給湯のダイアグラム

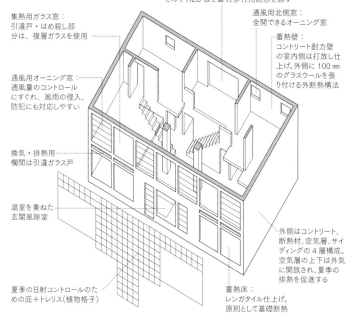

屋根は、コンクリートスラブの上にグラスウールを敷き、空気層(換気口付き)をはさんでALC板を置く。歩行用防水を施す

集熱用ガラス窓：
引違戸・はめ殺し部分は、複層ガラスを使用

通風用北側窓：
全開できるオーニング窓

蓄熱壁：
コンクリート耐力壁の室内側は打放し仕上げ。外側に100 mmのグラスウールを張り付ける外断熱構法

通風用オーニング窓：
通風量のコントロールにすぐれ、風雨の侵入、防犯にも対応しやすい

換気・排熱用
欄間は引違ガラス戸

温室を兼ねた
玄関風除室

外側はコンクリート、断熱材、空気層、サイディングの4層構成。空気層の上下は外気に開放され、夏季の排熱を促進する

夏季の日射コントロールのための庇＋トレリス（植物格子）

蓄熱床：
レンガタイル仕上げ。原則として基礎断熱

15 つくばの家（冬の南側外観）。南面開口部を大きくとり、冬の日射を床・壁に蓄熱し、夜間に放熱させるというパッシブソーラーの最もシンプルな方式であるダイレクトゲインの考え方から設計されている。夏は南面にノウゼンカズラによる緑のカーテンを施し、冬とは逆に夜間、窓を全開し、風を通し蓄冷している。

16 つくばの家の温熱的工夫

17 つくばの家・居間吹抜け。床はコンクリートの上に煉瓦タイル貼り

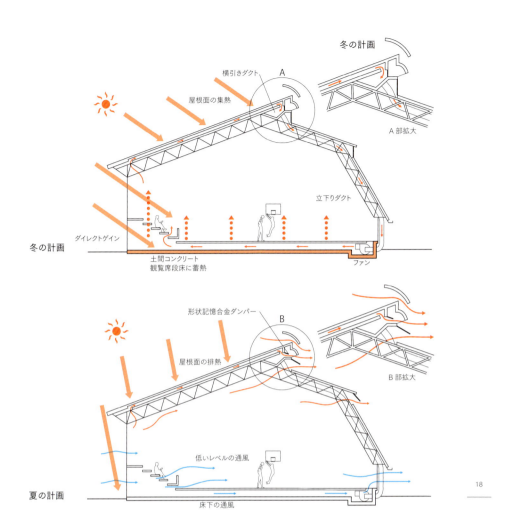

18 新田体育館の室内気候制御の仕組み。冬（上図）は屋根面で集熱した熱い空気を床下の土間コンクリートに蓄熱し、夜間の体育館使用時に放熱する。夏（下図）は屋根頂部のダンパーを開いて、熱気は排出される。

19 新田体育館東側全景（設計／奥村昭雄、1983年）。奥村はこの夜間利用を考慮した体育館の設計で、屋根による太陽熱空気式集熱、床蓄熱、コンピュータによる熱的シミュレーションを行った。その考え方はその後のOMソーラーシステムの基本的な骨格となった。

20 新田体育館内部

85

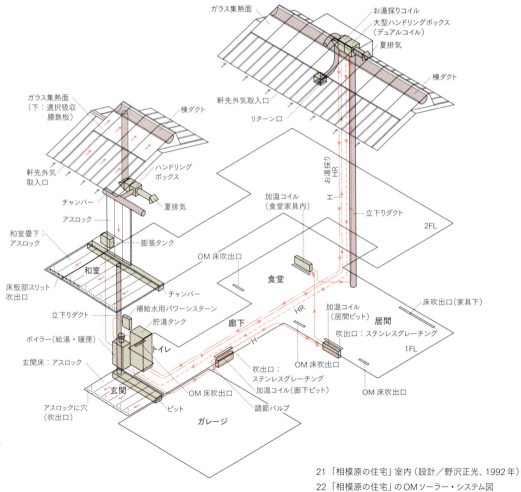

21 「相模原の住宅」室内（設計／野沢正光、1992年）
22 「相模原の住宅」のOMソーラー・システム図
23 「相模原の住宅」外観

器具で局所的に暖を採っていた。産業革命以降、エネルギーを搬送するという技術が開発されてから熱源の搬送が可能になって、暖房や冷房は劇的に変化を遂げた。放射暖房では裸火の採暖から温水や蒸気によるパネルヒーティング、また床暖房が開発され、裸火による点での放熱から面への放熱が主体となった。建物の開口部性能のアップ、断熱強化とともに居住空間全体を暖めることが可能となり、エネルギーを効率的に使用できるように日々進化している。

間欠から連続へ

日本の木造建築は熱容量が小さいため、暖めやすく冷めやすい。そのため使わない時には冷暖房運転はこまめに止めるという間欠運転の習慣が定着している。先述したように吉村順三が脇田邸の設計に際して、所員に温水式の暖房は凍ると助言し、その点を考慮してオイルファーネスによる温風方式が採用されたとの記録がある。当時、建築設備の取り入れに積極的であった吉村でさえ断熱を強化し、連続運転を行うという考えがなかったことがわかる。エアコンの普及、断熱の強化があっても日本での間欠運転好みは圧倒的なものであり続けてきた。昨今、外断熱建築の普及や機器の制御性の向上、連続運転による省エネルギーなどにより連続運転がようやく浸透しつつある。

クリマデザインへ

三つのキーワードに示されたエネルギー利用の変化は、エネルギー利用に対して無頓着であった時代から快適で効率的なエネルギー利用を模索し続けるこれからのクリマデザインの方向を指し示

しているように思われる。

世界には多種多様な気候風土があり、人々はそこに暮らし、自らの身体の感覚を環境に順応させながら暮らしてきた。最低限のシェルターとしての役割を持ったヴァナキュラー建築が建築材料の開発と共に進化し、技術の発達により建築設備が導入された。多種多様なエネルギーの利用により、生活環境は劇的に変化してきた。しかし長い建築の歴史の中で、建築設備の歴史はまだほんの100年くらいのものであり、始まったばかりであるとも言える。

建築本体の性能向上と建築設備の発達から時と共に建築でのエネルギー利用は、「高温から低温へ」「点から面へ」「間欠から連続へ」と変化しつつある。我々はこの特徴を踏まえながら、どのようなアプローチで建築を構築するべきだろうか。

自然と共に変化しつつ、エネルギー利用を効率よく、エクセルギー消費の面からも快適なのは放射による冷暖房であり、それをうまく建築と融合させることが、これからのクリマデザインであろう。クリマデザインでは気候や場所性による時間軸の中で変化しつつ、室内環境をつくり出す。建築と建築設備が一体となり、室内気候をデザインする。ヴァナキュラー建築ともパッシブ建築とも違う、自然と共にありながら建築的工夫と建築設備のそれぞれが最大限の相乗効果をもたらし、ローエネルギーで気持ちよい空間をつくることがクリマデザインである。日本の気候分布の多様性にも柔軟に対応できるのがクリマデザインである。場所性を捨て去ってしまった建築から、この辺でもう一度、気候風土を最大限に活かした建物づくりに立ち返るべきではないだろうか。

24 コールテン鋼のフレームと煉瓦壁の対比が美しい上遠野邸（設計／上遠野徹、1968年）。外壁はコンクリートブロック100mm＋煉瓦積み、100mm発泡スチロールによる断熱、開口部は複層ガラスサッシ、その内側に太鼓張りの障子という仕様。ブロック積みによる開口部の制限をコールテン鋼によりスパンを飛ばすことで解決している。上遠野邸は将来に残すべきモダニズム建築としてDOCOMOMO Japan100選に選ばれている。
25 上遠野邸の居間

ラジエーターの進化と求められる室内気候

ハンス・ピーター・ツェンダー　Hans-Peter Zehnder

ラジエーターの進化

ラジエーターはセントラル暖房システムを構成する要素であり、ボイラー、バーナー、配管などを伴うシステムにおいて、室内に暖かさを伝える役割を担っている。1930年、スイスのZehnder兄弟は世界初の鋼鉄製ラジエーターを考案した。これは、その当時最も普及していた鋳鉄製のラジエーター [Figure 1] に変わり、市場のシェアを獲得した。軽量化により輸送や設置のメリットが生まれたこと、また生産工程で環境汚染物質の排出を抑制できたことが理由にあげられる。

ヨーロッパでは、1950年代に新しい形状の鋼鉄製ラジエーターが登場してくる。まず、パネル形状のラジエーターが開発された。これは、ディベロッパーや建築家への新しいデザインの提供を意味する出来事である。鋳鉄製のラジエーターは丸みのあるチューブでできたマルチコラム形状であるのに対し、新しいパネルタイプはフラットチューブでできたデザインである [Figure 2]。これは、ラジエーターを目立たせたくないという建築家の要求に応えたものである。その後に続き、建築が窓を大きくする傾向に対して、自然対流を中心としたコンベクタータイプも登場した。コンパクトながら高い放熱量を得られるため、大きな窓面に設置するには理想的な形状である。1960年代には電気式ラジエーター（オイルヒーターと乾式ヒーターの2種類の方式）が開発された。これにより、セントラル暖房システムを設けることなく、部分暖房が可能となり、電気代が安いフランスやスカンジナビア諸国で普及した。

ラジエーターは形状だけでなく、サイズをオーダーでつくれるようにも進化した。エンジニアは空間に必要な熱量を計算し、それをもとに希望の長さや高さ、幅、配管接続位置といった要素をオーダーできるようになったのである。このようにオーダーメイドが可能となった一方で、安価なパネルラジエーターも登場した。それらは、鋼鉄をプレス加工することによって製造される。限ら

1　鋳鉄製ラジエーター

れた規制サイズしかないのだが、極端に低価格なため、多くのヨーロッパ諸国で主要な製品の一つになっていった [Figure 3]。

ラジエーターは素材面からの発展もしている。鋳鉄製、鋼鉄製の他に、アルミニウム製も登場した。このアルミ製ラジエーターは、マルチコラム形状の鋳鉄製ラジエーターに類似しており、個々のエレメントを必要な長さまで接続するような機構である。そのため、主に古くからある鋳鉄製ラジエーターに置き換わるかたちで、南ヨーロッパと西ヨーロッパで普及した。

低温暖房とラジエーターの新しいスタイル

運転方法という観点からは、1970年代末、低温暖房という概念が生まれ、多くの人々に受け入れられた。温水ラジエーターは、低温暖房時であっても床暖房に比べて省エネ性に優れ、理想的な放熱器と言える。

1978年、Zehnder社は最初のタオルラジエーターを発売した [Figure 4]。これはラジエーター市場に革命を起こす革新的なことであり、ラジエーターの部屋の暖房という基本的な役割に、衣類を乾かす、タオルを温めるという、新しい使い方の提案でもあった。電気式、及び温水と電気兼用の混合タイプのラジエーターが発売された。

1980年代初め、Zehnder社は新しいタオルラジエーターを開発するために、デザイナーを招き入れた。デザイナーを招き入れたラジエーターメーカーはZehnder社が初であろう。この時、招かれたBitsch教授がデザインしたのは、アールデコ調のものや彫刻を施したものであった。このようにして、タオルラジエーターは主にデザイン性の高い製品となり、バスルームでの使用を視野に様々なデザインスタイルのものが開発された [Figure 5]。

このような歳月を経て、ラジエーターの生産技術は向上し、仕上がりは格段に進歩している。新しい溶接技術と優れた研磨技術により、今では溶接の継ぎ目も見えない。そして、ラジエーターを夫々の空間によりよく調和させたいという要求を

2

3

4

2　パネルタイプのラジエーター（Nova、Zehnder社）
3　標準的な鋼鉄製のプレス型パネルラジエーター
4　タオルラジエーター

満たすため多くの色を取り揃えもしている。

　しかし1980年代、建築家たちがラジエーターは"デザインの自由"を制約する鬱陶しい要素だと考えるようになったことで、ラジエーターよりも床暖房がポピュラーなものとなっていった。多くの国の、多くの市場で、ラジエーターが排除されるような様相のなか、床暖房がシェアを拡大していったのである。しかし、床材にタイルや大理石が使われている床は、床暖房により一度温まってしまうと、冷ましたくても冷めにくい、反対に冷えたものを温めようにもなかなか温まらないといった、応答性の悪さがユーザーの不利益にもなったのだ。

　前述の壁掛け型ラジエーターの流れの一方で、1960年代から70年代に天井設置型のラジエーターも開発されている。天井パネルの主な用途は工業用途の建物で、新築、改築問わず使われている。例えば作業場といった空間で、必要な場所に直接的に熱を伝えることができる。

求められる除湿型冷房

　かつて、室内気候に求められるものは暖房だけであった。そして、人々はリビングだけを暖かくすることで満足するといった具合の限られたニーズであった。その後、住まいの他の部屋にも暖かさが求められるようになり、徐々に暖房は働く場所、公共空間へと普及していった。サーモスタット、外気温度センサーといった室内温度コントローラーの発展が、個々の部屋をそれぞれの要求レベルに調整を可能にもしてきた。

　顧客のニーズは増し、かつての要求は暖かさだけであったものも、今日では涼しさや適度な湿度と空気の質も求められるようになっている。この総合的な適度な室内気候へのニーズに対し、ラジエーターは室内気候をつくる理想的な要素と言えよう [Figure 6]。なぜなら、ラジエーターは応答性が良く、個別にコントロールすることも可能である。現在開発中の新しい制御方法では、ラジエーターがスマートハウスソリューションに対応するものになるであろう。

5　デザイン性の高いタオルラジエーター（Yucca、Zehnder社）
6　建築デザインに統合されたラジエーターの例

クリマデザインと放射環境
温もり・涼しさを人体エクセルギー消費から解く

斉藤雅也　SAITO Masaya

放射冷暖房によるクリマデザイン

　日本を午前に発ち、飛行機で半日ほどかけてヨーロッパに移動すると、現地時間の夕方から夜にかけてホテルにチェックインすることになる。Figure 1は北欧フィンランドのロバニエミにあるホテルのロビーの窓周りだが、外から室内に入ると「温もり」に包み込まれるような心地よさがあり、日本からの長旅で疲れた身体を癒してくれる。それは、日本で一般的に普及しているエアコンやファンヒーターから噴き出す空気が塊となって身体に向かってくる、暖房という名の「暖暴」空間ではなく、暖かさの中にやわらかさが加味されている「温房（おんぼう）」空間と言える。

　部屋をよく観察すると、窓下にはラジエーター（放熱器）が備わっている。それほど高くない40℃前後の温水が循環する放射暖房で、外気がマイナス20℃を下回るときでも、室内の「温もり」を維持している。それと同時に室内では、空気の動きも僅かながらに感じることができる。これは、部屋の上下の僅かな空気温度差によって、空気がゆっくりと対流しているからである。

　部屋の床や壁、天井の周壁平均温度[*1]は室温とほぼ同じ20〜22℃で、一番低い窓ガラス面（内表面）でさえも18〜20℃に保たれている。窓ガラスや壁体の断熱性能はもちろん高いが、欧州の建物は石造りが多く、壁や床、天井の熱容量が大きいので、それぞれ壁や床の内部の温度も20〜22℃に保たれていることが特徴だ。よって、エントランスから低温な外気が少しばかり入ってきても、壁や床内部の温度を下げるまでには至らない。冬のクリマデザインの特徴は、断熱性・蓄熱性を高めることで、年間を通してベースとなる建物の躯体などの壁体内部温度をある一定の範囲に維持した上で、放射暖房を採用していることである。

　一方、Figure 2は、同じロバニエミにある市民図書館の内観である。1965年にフィンランドの建築家・アルバー・アールトが設計した建築であ

1

[*1] 室内の各表面温度に面積を加重した平均値。MRTと略す。

る。Figure 1のホテルと同じく、書棚の　　　　　　ほとんどなく、ほどよい間接光が入る。南北の冷
ジエーターが備わっている［Figure　　　　　　　ネルに囲まれた交流スペースは、外気温が
の下から空気が入り、温められた　　　　　　　　　超えるようなときでも室温を27〜29℃程
と書棚の本を通過して天井面に　　　　　　　　　　ている。
ピードは毎秒10cm以下のゆっく　　　　　　　　　　中には「27〜29℃では暑いのではない
壁際では書棚の下から天井面へ、　　　　　　　　　思う人もいるかもしれないが、この空間
面から床面にむかって対流してい　　　　　　　　　民はみな心地よく過ごしている。それが
　Figure 2に示しているように、室　　　　　　　　るのは、前述した床・壁・天井・窓面、
である。壁一面の本は「紙の集積」　　　　　　　　射パネル面のすべてを加味した周壁平均
ここまで集積されると、ほどよい　　　　　　　　　温と同じ27〜29℃程度に保たれている
いると考えられる。このたくさん　　　　　　　　　る。また、建物では必要な換気は確保さ
の目には知的好奇心を刺激する媒　　　　　　　　　が、身体に感じる強い気流（可感気流）
れと同時に、放射と対流による緩や　　　　　　　　なく、室空間での上下温度差による空
身体全体に与える設えになっている　　　　　　　　わずかながらに感じる程度である。こ
　夏の放射冷房についても同様の　　　　　　　　　な気流によらない放射冷房の空間、「涼
96頁Figures 4〜6は、埼玉県春日　　　　　　　　れる「涼しさ」と言える。
民活動センターとその交流スペー　　　　　　　　ザインでは熱以外の物理要素もデザイ
の空間の北側に室を配置し、南側は　　　　　　　　がある。内観の写真にも表れている
いる。中庭のために、夏、室内に直　　　　　　　　れた日中の室内にはほどよい昼光が入

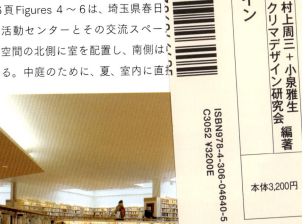

1　ロバニエミにあるホテルロビーの内観
2　ロバニエミ図書館の内観。放射暖房によって配架本が蓄熱体
　　になっている。Rovaniemi City Library, Alvar Aalto, 1965
3　ロバニエミ図書館の書棚下

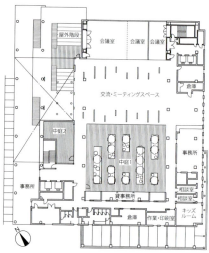

4　埼玉県東部地域振興ふれあい拠点施設 (2011)
5　埼玉県東部地域振興ふれあい拠点施設4階平面図
6　放射冷房パネルに囲まれた4階市民交流スペース

るので照明を点灯していないことが多い。このように室内の照度はほどよく抑えられていながらも在室者は語り合ったり自習したり、心地よく過ごしている。最近の建物では、省エネ性の高いLEDランプが採用されるのが主流だが、たいていランプが全灯になっていることが少なくない。すべてのランプが点灯していれば室温や周壁の表面温度とともに在室者の想像温度も少なからず上がるので、必要のないランプは消灯し、できるだけ冷房負荷を減らすとともに心理的な想像温度を下げる配慮も夏のクリマデザインにとって重要である。

「温もり」と「涼しさ」感覚

ところで、室内で得られる「温もり」や「涼しさ」は、私たちの身体の中ではどのような反応によって引き起こされる感覚なのだろうか？

建築環境を考える際に、私たちの身体、人体内部の環境（体内環境）についても体外環境たる建築環境と同様に考え、両者がどのような対応関係にあるかを理解しておきたい。これは温熱生理学（医学）の分野になるが、生物学の視点に立って、わたしたちが感じる「温もり」や「涼しさ」を再考してみよう。

私たちの身体は約60兆個の細胞群で構成されているが、皮膚内部の断面を拡大すると、外部からの刺激に反応する感覚点をもつ神経細胞群で構成されている [Figure 7]。この中で「温点」は温かさを、「冷点」は冷たさを、「痛点」は痛みのシグナルをそれぞれ「温覚」「冷覚」「痛覚」として大脳に伝達する神経細胞の末端である。

一般に受容体と呼ばれる「冷点」の数は「温点」の数の10倍以上あるとされ、年齢や身体部位に

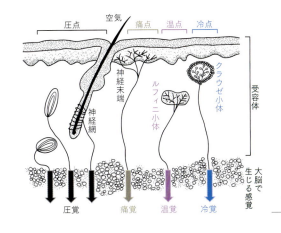

よってそれぞれの感度は異なり、高齢で身体の端部（手や足先など）に行くほど「温覚」も「冷覚」も鈍くなる傾向があると言われている。中でも図に示すように「温覚」の受容体（ルフィニ小体）が「冷覚」の受容体（クラウゼ小体）よりも皮膚表面からやや奥に位置することが特徴で、「冷覚」よりもやや奥にある「温覚」の受容体は対流よりも放射・伝導による刺激が支配する感覚と言えよう。一方、皮膚表面に近い「冷覚」の受容体は、皮膚表面での対流による刺激を強く受けると言えるが、放射や伝導の影響を受けないわけではない。つまり、「温覚」も「冷覚」も皮膚表面外の世界では放射による熱の移動がベースになっていると考えられる。

冬の「温もり」は主に温放射と皮膚内部での伝導によって得られる感覚であるのに対して、「寒さ」は冷放射や対流の影響が大きく、過度な冷放射があるときや、強い風が身体に直接あたる状況では私たちの想像温度は大きく下がる。夏の「涼しさ」は適度な冷放射がある環境下で、ほどよい気流（可感気流）が加わることで得られる感覚と

7　皮膚内の神経細胞。温覚の受容体は冷覚の受容体の位置よりも皮膚表面から奥にある。

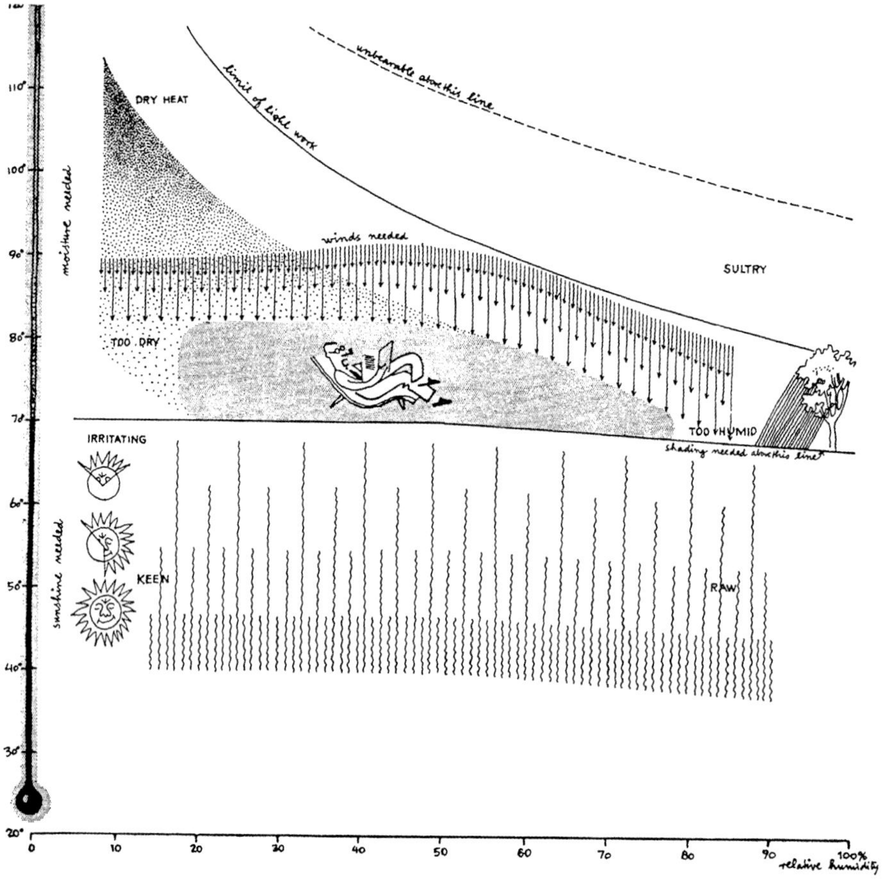

8 Bioclimatic Comfort Chart（Victor Olgyay."Design With Climate",1963）

言える。

「温覚」と「冷覚」の受容体の位置関係から言えるクリマデザインの要点は、私たちの身体が包み込まれるシェルターたる建築の躯体内部や表面温度が、季節の変化に応じて適度な範囲で変動することができるように、良好な放射環境をベース（基盤）につくることである。その基盤となる環境を構築した上で、夏ならば通風、冬ならば温度差換気などの季節に応じたほどよい空気の流れを加えることが求められる。

生気候図とエクセルギー

クリマデザインにおいて人体周囲と人体内部の環境の相互関係を理解するのに便利な Bioclimatic Comfort Chart（生気候図）がある。

Figure 8 は、1963 年にハンガリーの Victor Olgyay が著した "Design With Climate" の中に掲載されているもので、Figure 9 はそれを現代の環境計画に活かすよう編集した図である。横軸が相対湿度、縦軸が空気温度で、図の中央に comfort zone（快適域）がある。空気温度と相対湿度の組

8 Bioclimatic Comfort Chart（Victor Olgyay."Design With Climate",1963）
9 Bioclimatic Comfort Chart

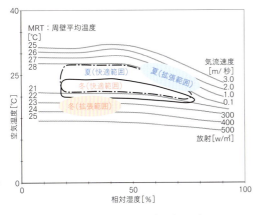

み合わせは無数にあるが、任意の組み合わせがこの快適域の中にあれば、その環境が「快適」な状態と判断できる。

この図の興味深いところは、空気の温湿度以外に、放射としての日射と周壁平均温度（MRT：Mean Radiant Temperature）、気流速度の影響も考慮していて、これらの組み合わせの条件によっては、いま示されている夏・冬の快適域がそれぞれ拡がる可能性があることである。

快適域が拡がる条件を東京の夏の蒸暑期について考えると、ほとんどの場合、空気温度は30℃以上、相対湿度は80％以上になるので、このような条件は、当然ながら快適域には入らない。しかしながら、Figure 9に示すように、日射遮へいや周壁からの不要な長波長放射を抑えることによって周壁平均温度（MRT）を28℃から徐々に下げる、もしくは通風によって気流速度を0.1m/sから徐々に上げると、図中の「夏」と示した範囲にまで快適域が拡がる可能性がある。実際の方法として、周壁平均温度を下げるためには不要な照明を消し、気流速度を上げるためには、通風経路を確保する（向かい合う窓を開けるなど）だけでなく、

小型ファンや扇風機を排気・排湿に活用することも有効である。

その反対に冬季は、日射や他の熱源を積極的に活かして室空間の周壁平均温度（MRT）を20℃から徐々に高めると快適域が図中の「冬」で示す範囲のように下側に拡がる可能性がある。冬の調整の中では建築外皮の断熱性能が高いことが必要条件となるが、その上で、日中になるべく日射を室内に取り入れて蓄熱し、夜間に放熱させるパッシブソーラーヒーティングはクリマデザインの原則と言える。

ところで、外気温は1年を通じて変動するが、季節を問わず仮に私たちが、同じ空気温湿度の空間にいるとしたらどのような温熱感覚をもつのだろうか。例えば、空気温湿度20℃、50％、周壁平均温度が20℃で一定に保たれた空間に1年中いるヒトは、春夏秋冬を通して同じ温熱感をもつのだろうか？

おそらく、夏の20℃の空間は相当寒く、冬の20℃は暑くも寒くもない（ちょうどよい）かもしれない。Figures 8、9に示したBioclimatic Comfort Chartは、クリマデザインの全体性を示す図であるが、前述のような外気温の変動に対してどのような温熱感を得るのか、具体的な環境設計指標を示すまでには至っていない。そこで最近では、外気の状態（温湿度）を環境として計算される、エネルギーや物質の資源性・拡散能力を表す「エクセルギー」の概念を用いた計画手法が提案されている[*2]。

101頁のFigure 10は、夏季の室内気候として左図が日射遮へいを徹底した通風室、右図がエアコンによる冷房室の環境を表している。線図がそ

[*2] 宿谷昌則編著『エクセルギーと環境の理論──流れ・循環のデザインとは何か』井上書院、2010年
Masanori Shukuya: Exergy, Theory and Applications in the Built Environment, Springer-Verlag, London 2013.

れぞれの図に等高線として描かれているが、この高低は、人体内部でのエクセルギー消費速度（単位：W/m^2、体表面積$1m^2$当たりのエクセルギー消費速度［$W＝J/秒$］）を表している。これを「人体エクセルギー消費速度」と呼ぶことにする。これは、簡単に言うと人体内部での体温調節の負荷、それに伴う疲労につながる負荷と考えてもらうと理解しやすい。つまり人体エクセルギー消費速度が小さければ小さいほど、温熱生理的には穏やかで過ごしやすく、少なくとも「不快でない」状態にあると考えることができる。

　例えば、夏季の東京のケースを考えてみよう。Figure 10の左図は、外気温湿度が33℃・60％のときに、日射遮へいが十分になされ、通風されている室内条件になるが、このときの室内空気温湿度が30℃・65％である。一方、右図は、エアコンによる冷房で26℃・50％に保たれている。縦軸は周壁平均温度（℃）で、横軸は気流速度（$m/秒$）を表していて、両者の組み合わせは無数にある。人体のエクセルギー消費速度は、空気温湿度と気流速度、床・壁・窓・天井の表面温度（周壁平均温度）に影響され、左図の「日射遮へい＋通風室」で人体エクセルギー消費速度が最小（$2.0W/m^2$）になる条件は、気流速度が約$0.2～0.4m/秒$、周壁平均温度が約27～31℃の範囲である。一方、右図の「エアコン冷房室」で最小（$2.3W/m^2$）になるのは、気流速度が約$0.3～0.4m/秒$、周壁平均温度が約24～27℃の時である。両者を比べると「エアコン冷房室」の人体エクセルギー消費速度は「日射遮へい＋通風室」より$0.3W/m^2$ほど大きい。

　$0.3W/m^2$の差は一見するとわずかに見えるが、仮にそれぞれの室内に1日8時間、体表面積$1.7m^2$の人が在室した場合、14.7 kJ/（人・日）、カロリー換算で3.5kcal/（人・日）の差になる。ところで、この3.5 kcalに相当するヒトの運動エクセルギー負荷（運動エネルギー負荷も同値）を調べると、標準的な速さの腹筋で約6～7回、腕立て伏せで約10回になる。「エアコン冷房室」にいる人は、冷房シーズンの毎日、"発汗を伴わない腹筋や腕立て伏せ"を余計に強いられていることになる。つまり、「エアコン冷房室」は「日射遮へい＋通風室」よりも身体への負担が大きい。エアコン冷房室と非冷房室を頻繁に行き来することで発症するとされる、俗に言われている「冷房病」は、1日あたり3.5kcalのエクセルギーを人体内部で消費させられた結果として引き起こされているとも言える。

　一方、Figure 10の左図のように周壁平均温度を30℃以下となる27～29℃に下げる工夫をすれば、外気温が33℃であれば、周壁面の温度が外気温より4～6℃低いので、周壁面から冷放射が身体に向かうことになる。さらに、わずかながらでも可感気流があれば、エアコン冷房よりも身体には負担が少ない状態で過ごすことができる。

　以上のことは、先に紹介した、外気温が30℃を大きく超えているときの埼玉県春日部市の市民交流スペースでの室内気候と同じ状態である。つまり人体エクセルギー消費速度に基づいて室の良好な放射環境の基盤をつくった後に、気流を促すことが夏季のクリマデザインとして有効な手法であることを定量的に表している。

　冬季の室内気候についても人体エクセルギー消費速度の大小によって、その室内の温熱快適性が夏と同じように説明できる。Figure 11は、冬季

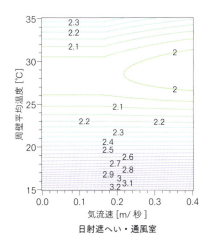
日射遮へい・通風室

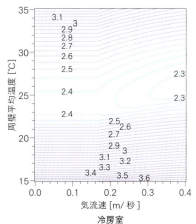
冷房室

の室内気候と人体エクセルギー消費速度の関係を示している。冬季の東京を考えると、外気温湿度が0℃・40％のとき、室温と周壁平均温度の組み合わせは無数にある。図中に斜めに走る太線は、一般に温熱快適性が得られるとされる条件：「代謝による産熱量＝放熱量（エネルギー）」である。

例えば、室温が20℃のとき、周壁平均温度は23〜26℃で人体エクセルギー消費速度が最小になる。一方、周壁平均温度が12℃しかない断熱性が悪い室では、室温を30℃にまで高める必要がある。この条件下で人体エクセルギー消費速度の最小値は2.5 W/m^{2}で、それが得られる条件は室温が18℃、周壁平均温度が25℃のときである。つまり、この図は断熱・蓄熱性を高めて、放射暖房によって周壁温度を高い状態に保つことは、エアコン暖房によって室温を高くするより人体にとって有利であることを示している。

以上のことは、冒頭に紹介した北欧ロバニエミのホテルで得られる、心地よい「温もり」の解明にもつながる。いま、室温が22℃、周壁平均温度

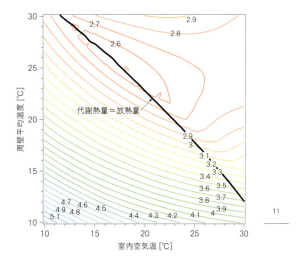

も同じ22℃とすると、人体エクセルギー消費速度は2.6 W/m^{2}となり、全体の中では低いところにある。すなわち、体温調節負荷の小さい室内気候が実現できていることがわかる。

これらの結果は、クリマデザインの基盤となる放射環境のコントロールを最優先することが「温もり」の創出につながることを示している。

10　夏季の室内気候と人体エクセルギー消費速度の大小（外気温湿度：33℃、60％）、左：日射遮へい＋通風室（室温30℃・湿度65％）、右：エアコン冷房室（室温26℃・湿度50％）
11　冬季の室内気候と人体エクセルギー消費速度の大小（外気温湿度：0℃、40％の場合）

クリマデザインにみる断熱・蓄熱の効用

斉藤雅也　SAITO Masaya

断熱・蓄熱を可視化する

　本書では「断熱」、「蓄熱」の用語が数多く使われているが、ここではその物理的な現象をそれぞれ可視化して理解してみよう。Figure 1は冬に暖房をしている、ある建築の壁体内部の断面温度分布を示している。図の右側が室内側で色の濃い高温部、左側が屋外側で色の薄い低温部である。夏は左右が逆と考えればよい。熱は、高温部（室内側）から低温部（屋外側）の向きに移動し、物体温度はそれを構成する「原子・分子の振動の度合い」である。どんな物質でも高温部から低温部へ原子・分子の振動が伝搬され、原子・分子の振動の度合いが小さくなる一方通行の普遍性がある。

　熱力学では、この原子・分子の振動がまったくない状態を絶対零度（0K（ケルビン）＝マイナス273.15℃）とし、0K以下にある物質は理論上、体積を有していない（存在しない）と定義している。つまり、0K以上の、特に私たちの暮らす常温の世界はどんな物質でも大なり小なり振動をしている。ちなみに大気圏外の宇宙空間の温度は3K（マイナス270℃）なので、国際宇宙ステーションの壁体の構成材料は、内外温度差として約300℃の振動の差を維持するものが採用されている。

　ここで原子・分子の振動の度合いを「球の数」として表すと、Figure 1の拡大図に示すようにな

る。壁体内部で球が高温部から低温部に徐々に減る。本来、熱は物質ではないので、このような球として表現できないが、熱の移動を可視化すると、このような表現をしたほうがわかりやすい場合もある。壁体の構成材料の断熱性が高い、つまり熱伝導率が低いもの（例えばグラスウールや木など）ならば、壁体の左右の球の数に差があり、それぞれの球の移動速度も小さい。一方、断熱性が低い、つまり熱伝導率が高いもの（例えば金属など）では、高温部から低温部にすぐに球が移動して、壁体内部で一様な分布になる。

　Figure 2は壁体の蓄熱性の有無による壁体内部の温度分布の経時変化である。時間軸より上は「蓄熱性（小）」の壁体で、下は「蓄熱性（大）」の壁体を表している。Figure 1と同様に、粒子数の粗密が温度の高低を表し、の壁体内部の濃色が高温部、淡色が低温部で、拡大すると球の群で表現できる。蓄熱性の大小は、各材料の「熱容量」の大きさで決まる。熱容量の大きい物質は温まりにくく、冷めにくいので、建築の壁や床などに採用することで室内気候の時間変動幅を小さくすることができる。つまり、日射や他の熱源によって、外から壁体内部に粒子を詰め込むために要する時間と、粒子の数が減らずにできるだけ維持される時間の長さが予想できていることが重要である。

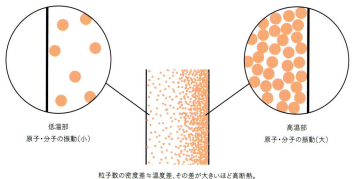

1　壁体内部の温度分布（原子・分子の振動の度合い）

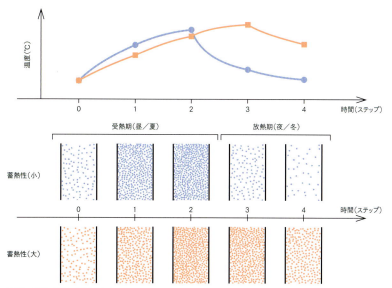

2　壁体の熱容量の大小による温度分布の時間変化

　日中、窓を透過した日射によって床や壁などに蓄熱することを「ダイレクトゲイン」と呼ぶが、日中の床や壁の内部では、日射のもつ強いエネルギーを受けた結果、粒子が徐々に増加し、時間が経過した夜間にもしばらくその数が減らずに保持され、その粒子の一部が夜間にコンクリートから室内側の人体や周壁に放射として伝搬（移動）される。熱容量が大きいコンクリートや石などは「蓄熱性」が高い物質である。

　この日中の温度上昇の時間をFigure 2の受熱期間（ステップ0〜2）とすると、「熱容量（小）」は「熱容量（大）」より温度上昇が早い。その後、夜間に自然室温が低下していく温度下降の時間を放熱期間（ステップ2から4）とすると、「熱容量

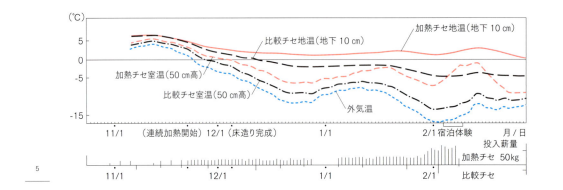

3 雪を断熱材とした厳冬期のチセ。外周には1mほどの雪の壁をつくる。イロリの加熱はこの雪を溶かさないように慎重に行われる。

4 チセの断面。チセは堀建て丸太柱構造、屋根は寄棟、葺き材は茅、葦、木の皮、笹など地域差がある。（実測：北海道東海大学文化財研究会）

5 加熱チセと比較チセでの薪投入の有無による室温と地温の変化

（小）」は「熱容量（大）」より温度下降が早く、「熱容量（大）」は冷めないで維持される。例えば、この材料がコンクリートではなく木であると、日中の日射によって粒子は急激に増え、温度が上昇するが、その後、夜になると粒子はすぐに減ってしまい、温度は下降する。つまり、夜に放熱源として活用するまでの粒子は保持されない。

断熱性と蓄熱性を上手に組み合わせることで、例えば日射が十分にない地域でも、躯体の熱容量を少しでも予熱に活用することができれば、残りの必要な熱量（粒子）を同じ放射源であるパネルヒーターによって補完することができる。なお壁や床などの建築躯体の蓄熱性は、壁体を構成する材料の温度が環境温度（外気温）より高い場合は蓄熱、低い場合は蓄冷として考えることができる。

アイヌ住居「チセ」にみる熱容量の活用

かつて北海道や千島列島、樺太に暮らしていた先住民族のアイヌは、伝統的な住居「チセ」の土間床の土壌に豊かな熱容量があることを見出し、毎日火を焚き土壌の温度をほどよく保つことによって、外気温がマイナス20℃以下になる厳しい環境の中で暮らすことができたと言われている。Figures 3〜5は1980年以降に北海道旭川市で郷土資料を基に復元されたチセを使って行われた実験の結果である[1]。

11月初めから厳冬期の2月にかけて薪を日々焚いた「加熱チセ」と薪を焚かなかった「比較チセ」の室温と地温（地下10cm）の変化が示されている。加熱チセの地温はいったん外気温に引っ張られて下がるが、毎日の加熱で徐々に土間は蓄熱され、1月後半に外気温が下がっても地温はプラス

に維持されている。もし11月以前の夏から火を入れて、地下1mぐらいの深さであれば、プラス5℃以上の地温が得られたのではないかと考えられる。

熱容量を活かしたCB二重積み外断熱住宅

アイヌ住居「チセ」のように、現代でも熱容量を活かした住宅の例がある。建築躯体の外側に断熱材を配置する「外断熱工法」により、冬の蓄熱や夏の蓄冷効果をより顕著に発揮することができる。この外断熱工法は北海道などの寒冷地の公共建築などで一部見られる。一方、その反対を「内断熱工法」と呼ぶ。私たちの住宅街を見渡すとコンクリート造の建物は、学校・マンション・庁舎・病院など数多くあるが、日本国内ではその95％以上が内断熱工法である。

断熱材を外側に設けるメリットは、躯体であるコンクリートの熱容量（蓄熱性・蓄冷性）のポテンシャルを最大に活かすことで、温まりにくく、冷めにくいコンクリート材の特性を利用して、室内を夏は涼しく、冬は温かくできることである。

106頁 Figures 6、7は、札幌市にあるコンクリートブロック（以下、CB）二重積みの外断熱住宅の外観と内観である。この住宅は1985年に竣工し、住み始められて30年が経過している。107頁 Figures 8、9はこの住宅の平面図と断面図で、1階から1階半のレベルに居間、台所があり、半地下に寝室（和室）、洗面室を配置している。108頁 Figure 10は壁体の構成を示したもので、図の手前のCBが屋外側、奥のCBが室内側で、室内側CBの外側に断熱材、さらにその外側に通気層が設けられている。室内側CBの熱容量を活かすた

*1──宇佐美智和子・青柳信克・花岡利昌・磯田憲夫「アイヌ住居（チセ）の長期温度測定──イロリの加熱による土間床への蓄熱」、日本建築学会北海道支部研究報告集No62、pp.65-68

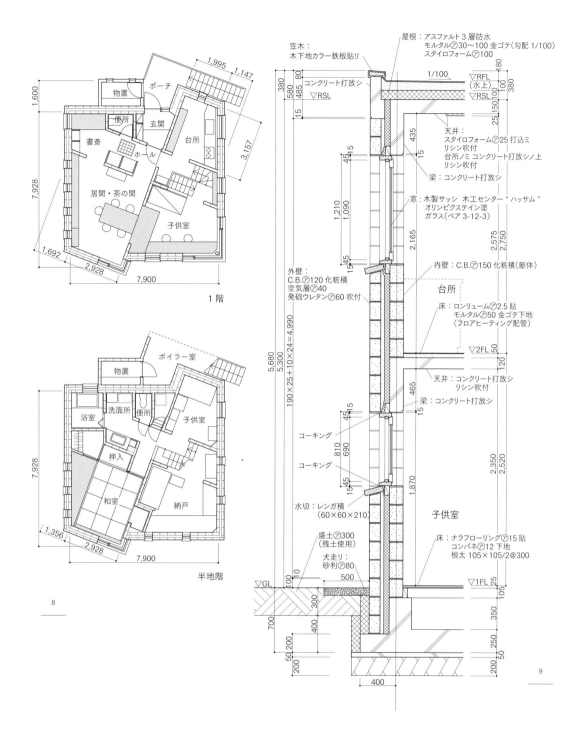

6　CBニ重積み外断熱工法の住宅外観（高柳邸、設計／アーブ建築研究所・圓山彬雄）
7　住宅内観（居間・茶の間）
8　平面図
9　断面図

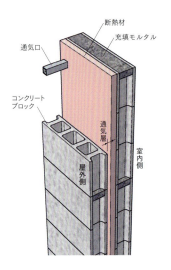

めに断熱材があり、通気層は防露のため、屋外側CBは壁体の耐候性を確保するために設けられている。

　Figure 11は、冬季から夏季にかけての5か月（2014/12/29～2015/6/1）の居間と寝室の室温とグローブ温の変化である。この住宅では冬季にガスボイラーによる全室暖房がなされていて、年末から年始にかけて、居間と寝室の室温・グローブ温ともに20～24℃と安定している。それ以降の1月半ば～3月初めまでの間、住まい手は家を不在にしていて、この1か月半の間は1日に2時間ほど最小出力でボイラーを稼働させ、温水を循環させていた。その結果、1月半ばから徐々に室温・グローブ温が、外気温の下降とともに下がっているが、一番下がりきった2月中旬でも室温・グローブ温ともに10～13℃を維持している。室内は外気温の変化の影響を受けにくい「粘り」のある環境であることがわかる。

　一方、冬が終わり、春、初夏へと向かうなかで外気温が徐々に上昇するが、室温・グローブ温ともその上昇の傾きは小さく、外気温よりはゆっくりと上昇し、最後の6月に入ると外気温と同程度の17～18℃の室温・グローブ温になる。

　以上のことは、冬は室内側CBに蓄えられた熱が、その外側に配置された断熱材によって放熱しにくい構造になっていて、夏になると外気の上昇のインパクトを最小限に抑えていると説明できる。これは、室内側CBの躯体温度が外気の影響を受けずに維持されているからである。室内側CBの熱容量を活かすことによって、冬は温かく、夏は涼しく過ごすことができる室内気候が実現できている。

　なお、冬季のこの住宅の温熱快適性を検証するために、前節で紹介した「人体エクセルギー消費速度と温熱快適性」（外気温マイナス5℃、外気湿度70％）の関係をFigure 12に示した。この住宅は暖房時に室温が20℃のとき、グローブ温が23～24℃である。グローブ温はこの図にあるMRT（周壁平均温度）とみなせるので、室温20℃のときのMRT24℃をみると、人体エクセルギー消費速度は2.3W/m^{2}である。もし室内側CBの表面温度、躯体温度そのものが低い場合はMRTが20℃以下になる。室温が20℃、MRTが14℃のときの人体エクセルギー消費速度は3.4W/m^{2}で、MRTが24℃のときの約1.5倍の速さである。室温が20℃に確保されていても、おそらく「寒くて身体が震える」手前の状態ではないだろうか。人体内部での体温調節にかかる負荷が1.5倍になる室内気候が快適ではないことは、容易に想像できるだろう。

10　CB二重積み・外断熱の壁体構成。手前が屋外側CB、奥が室内側CB。室内側CBの外側に断熱材、通気層が設けられている。通気層の通気を確保するために屋外CBと通気層を結ぶ通気口がある。

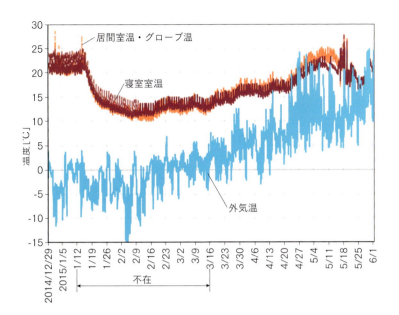

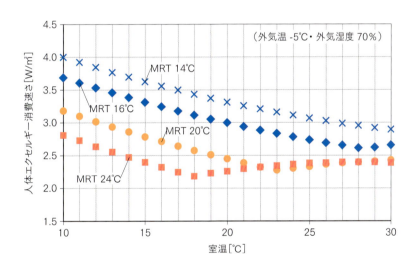

11 冬の居間（1階）と寝室（半地階）の室温・グローブ温の変化（2014.12.29 〜 2015.6.1）
12 MRTの違いによる人体エクセルギー消費速度と温熱快適性（冬季）

1　本田直也氏

INTERVIEW

代謝のリズムをいかにつくるか
円山動物園における両生・爬虫類のための環境づくり

本田直也　HONDA Naoya
斉藤雅也　SAITO Masaya
聞き手　小泉雅生 + 平山武久

飼育、繁殖のために生育環境にそった気候をデザインしなければならない動物園の飼育施設。
札幌市円山動物園と札幌市立大学の協働施設プロジェクトである「は虫類・両生類館」について
このプロジェクトを担当した本田直也、斉藤雅也の両氏に話を聞いた。

放射による環境コントロール

小泉　本田さんのお考えになられる動物にとっての快適な、あるいは大事な環境って、どんなことでしょうか？

本田　爬虫類も棲息地がさまざまですから、それぞれが本来持っている概年リズム*1をちゃんと組み立てられる環境が大事ですね。それぞれの野生においての1年のリズムがある程度再現されるような環境ですね。温度、光、湿度、雨の刺激……。要は1年の代謝の変動を経験できる環境です。

小泉　動物にはみんな基本的にそれがあるわけですね。

本田　はい、本来みんな持っています。ただ犬を飼っていてもそのことを誰も考えないわけですよ。適応能力の強い動物だと本来必要なものが見えてこない。より下等な動物、特に爬虫類などは適応能力の幅が狭いですから、適切に必要な条件を提供していかないと、すぐ死んでしまいます。

小泉　円山動物園の「は虫類・両生類館」では放射式の環境整備を採用していますが、そこに至る経緯についてお話いただけますか。

本田　それ以前、僕らは空調も温風がブンブン吹いている環境の中で動物を管理してきたわけですが、その中で相当苦労してきているわけです。適切な環境を維持できないので、1日に何回も環境をいじりながら一時的にいい環境をつくってやらないと動物がだめになってしまう。それくらい質

2　円山動物園「は虫類・両生類館」外観

*1──概年リズム　生体リズムのうちで、ほぼ1年周期のものを言う。たとえば、ほ乳類の冬眠、渡り鳥、樹木の落葉など

の悪い環境だった。目に見えない環境要素の質が非常に悪かった。僕は斉藤先生と知り合う前から、自宅で爬虫類を放射式のヒーターを使って飼育していたんです。だから温風の空調ではだめだということを身をもって経験していた。それを学問的に説明してくれたのが斉藤先生でした。

斉藤　対流で空気をガーッとかき回すと乾燥してしまう。爬虫類、両生類は乾燥に弱いということを本田さんから聞いていましたから放射と湿度コントロールはセットであるというのが一点ですね。もう一つは、空気温度をコントロールするより表面温度をコントロールして建築を計画したほうが、夏も冬も人間にとって居心地がいいということは、人体エクセルギーの消費速度＊2の面からわかっていた。じつは「は虫類・両生類館」建設（2011）以前に、2007年にオランウータンの屋外放飼場の改修計画をやったんです。それで夏季の放飼場の床表面温度が改修前の60℃から改修後の30℃台に変化したらオランウータンが元気になったんです。その後、子どもも生まれました（笑）。

小泉　そういう前段階があったんですね。

斉藤　ええ、ヒト、オランウータンと、体に与えるインパクトとしては確実に放射がいいと思っていた。それで、2008年に本田さんと一緒にスイスとドイツの動物園に視察に行ったらすべて放射でコントロールしていたんです。チューリッヒもベルリンもケルンも。「そんなの当たり前だろ。おまえたち、エアコンでやってんの？　エーッ！」みたいな顔されちゃったんですね（笑）。あれは衝撃だった。それで、もう徹底してやるかということになった。放射を採用して「は虫類・両生類

館」での繁殖の成果もいいので、円山動物園では2015年秋にオープンしたアフリカゾーンも、放射式になっています。

生物の代謝リズムを読む

小泉　「は虫類・両生類館」の放射暖房は具体的にはどのようにされているんですか？

斉藤　建物全体を外断熱にして、館内全体にはピーエスの温水暖房を回しています。一部、大形のワニのゾーンなどには補助として擬岩に電気式のヒーターがタイマーで入る仕掛けになっています。

小泉　人工的にやっていくときに、やはり人間が考えることと受け取る動物側ではズレが出てくると思いますが、そこはどのように埋めていかれたんですか？

本田　ある程度環境に幅を持たせられるように、事前に設計しています。たとえば温度は5℃から30℃まで変えられるようにできる。冬場は下げられる。将来、今まで温帯だったところに熱帯の生物が来る可能性もあるので、ある程度の幅をもともと設計に持たせてあるんです。

　それと放射の熱はほんとに緩いんですよ。部屋全体は、20℃位でも十分なくらいで、緩～く回しておけばいい。あとは照明とかの熱源で調整していく。放射は環境のメインの一つではあるけれど、ほかにいろんなものと複合することで環境をつくっていく。熱、光、水、三つとも大事。どれも欠けたらだめなんですね。雨も降らせなければいけない。太陽の熱は放射だから、熱の方式は放射であるべきですね。

小泉　我々はどうも人工的な環境をつくるとなると、いちばん快適と思われるところにピタッと

＊2──本書「クリマデザインと放射環境」94〜101頁参照

1　風除室
2　エントランスホール
3　観覧スペース（大型水槽）
4　体験コーナー
5　観覧スペース（小中水槽）
6　センターラボ
7　ペレットボイラー室

3　円山動物園「は虫類・両生類館」1階平面図
展示スペースは大きく3つのゾーンに分かれる。中央に公開型バックヤードの「センターラボ」、その北側にワニなど「大型展示ゾーン」、南側に熱帯・亜熱帯・乾燥帯・温帯・北海道と生息地の気候に合わせた展示を行う「小中型展示ゾーン」が配置されている。

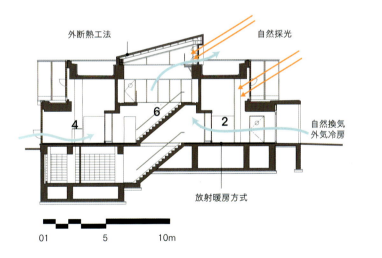

4　断面図
外断熱工法により建物全体を高断熱化することで、爬虫類・両生類の各水槽の気候調節を用意している。また自然採光は大型展示ゾーンとセンターラボの一部に当たるように計画してある。大型種は午前の2～3時間の日射を浴びることで日長リズムを調節する。一方、小中型展示ゾーンには昼光は一切入らないようにしてある。これは時々刻々変動する昼光が限られた容積の水槽に生きる生体にとって、時に死に至らしめる危険性があるからである。小中種には紫外線ランプを用いて、人為的に太陽光のリズムを飼育種の棲む気候に応じて再現している。

持っていかなければいけないと考えてしまいがちですね。そうではなくて、ある程度のところまで、凍らない程度までやればいいんだ、人工環境で全部やろうとしきらないという考え方ですね。

斉藤　完璧に閉じた宇宙船のようなものをつくって、その中で電気・機械式システムを稼働させるという考えだと故障したら破綻するんですよ。原発事故みたいに壊れたらバックアップやってもまだだめだみたいな話になる可能性があるわけです。だから外のリズムを逆に使おうと。それを中では少しずらして緩和したリズムにする。ですから生物の代謝を読み解く中に、計画の本質があるのだろうと思います。小泉先生とＬＣＣＭ住宅*3をやらせていただいたとき、夜、寝るときは代謝が落ちるから、寝室は少し室温が低めでも大丈夫だという話をしたことがありましたが、建築計画の中で代謝変動、リズムの話はもっと考えられていいテーマだと思いますね。

5

本田　両生・爬虫類の場合は、人と比べてもっともっと代謝のリズムをいかにつくるかということが重要になります。概日と概年のリズムを組み立てる。代謝という目に見えないものを管理することが両生・爬虫類の飼育なんです。普通、動物を飼ったら、行動させることに特化させちゃうわけですよ。動かしてなんぼなんですね。だけど、両生・爬虫類はそもそも動かない動物。動かないことによって生き残ってきた生き物なんです。だけど、代謝はしている。それは昼と夜では違うし、1年でも大きく違う。秋の1日と春の1日も違うし、夏の1日も大きく違うという、その日々の変動ですね。その代謝をどう管理していくか、まさにそこができてないと繁殖に結びつかない。

斉藤　1年の変動がなくてフラットな状態だと、両生・爬虫類の生殖本能は起こらないわけですね。

本田　赤道直下のような、もともと季節変動がない地域のやつらは大丈夫ですけれど、温帯産、亜熱帯産、砂漠地域、わりとこのへんは、きっちり変動がないと何も起こりません。

幅のある温度帯を用意する

小泉　以前、「健康維持増進住宅」というプロジェクトをやったときに、医師にインタビューすると、精神的にも、肉体的にも適度な負荷がないと人間はだめになると。僕らはすぐ「負荷をなくす」という方向に行っちゃうけれど、それはあなたたち根本から間違っている、と最初に言われたことがあります。

本田　たとえば冬眠なんてものは、僕ら冬眠を再現して実際行っている人間からみると、動物にとって何のリスクもないんですよ。数カ月の冬眠を爬虫類はやりますけど、体重はほとんど変わらない。だけど、それを残酷だという物差しの人もいれば、いろいろなんですね。だから、その「適度な負荷」というのもなかなか難しい。僕が適度というのは、まあ半年ぐらいが適度で、5年冬眠さ

5　センターラボで作業する本田直也氏

*3——ＬＣＣＭとは「ライフ・サイクル・カーボン・マイナス」の略。CO_2削減を住宅の建設時から居住期間、廃棄時まで通して取り組み、また太陽光発電などの再生可能エネルギーをつくり出すことで、トータルなエネルギー収支をマイナスにしようとする先進的住宅のこと。一般社団法人日本サステナブル建築協会内に2009年度から「ライフサイクルカーボンマイナス住宅研究・開発委員会」（委員長・村上周三）が設けられ、研究開発が進められてきた。インタビュー中で斉藤氏が述べているのは2011年に建築研究所内に完成したＬＣＣＭ住宅デモンストレーション棟のこと（48〜49頁参照）。

6 大型展示ゾーンのサイイグアナを観察する本田直也氏
7 擬岩の上に集まるサイイグアナ。岩の表面温度は砂の表面温度より10℃ほど高く設定されている。温冷の領域が用意されていることで、野生下に近い動きのある生体展示が実現している。
8 大型展示ゾーンの自然採光のために、東面2階部分に大きな開口部が設けられている。

せたらけっこう負荷かな。でも、爬虫類は適切な冬眠下におけば、100年ぐらいは生きられると言われているんです。

小泉　へ〜え！　その適度な負荷をうまくコントロールすることが大切なんですね。オフィスビルだと室温26℃、湿度50％一定って、やるじゃないですか。そういう制御ではない、まったく逆の発想をしないと、そのリズムは再現できないですね。

本田　だから、あんまり細かい数字は気にならない。5℃から30℃までできるようにしておいてくれ、と言ったんです。

斉藤　それはこれまでの設備設計だけに任せておくのでは成立しなくて、やはり建築できちんと〝側〟をつくってということなんだろうなとあらためて思いますね。

小泉　そのへんは、斉藤先生が監修をされたわけですね。

斉藤　そうですね。暖房計画の前に外断熱で蓄熱容量を持たせて、換気量の季節変動まで想定して計画しました。

平山　幅広い温度帯を用意しておくということになったとき、それは熱源の話ではなくて室内側の表面積の話なんですね。よく私の仕事の中で、建築家からヒーターを小さくしてくれと言われたり、床のところに隠してくれと言われたりすることがありますが、表面積を小さくすればするほど、ボイラーの容量をいくら変えても、熱量の変化は非常に狭くなるんです。放熱できる範囲が狭くなる。ボイラーの大きさをいくら大きくしても変わらないんですよ。放熱側で決まってしまう。逆に、放射の面積を大きくすればするほど、5℃なら5℃に合わせてもいいし、40℃に合わせても

いい。その幅がものすごく広くなるわけです。

そうすると、この「は虫類・両生類館」では、ボイラーが系統別に分かれていて、系統別に温度を変えることができる。さらに、部屋のところで設定を変えることができるというように、いくつかのコントロールのステージがあるわけです。そのステージを上手に使い分けることができるようになると、思いのままの環境をつくることができる。思いのままの環境をつくれるということが、こうした施設ではとても大事で、そのためには建築的な要素も必要だし、自然光や人工照明も必要になってくる。

それともう一つ、外の空気をどうやって入れるかということですね。外の空気も変化しているわけだから、その変化をそのままどうやって中に伝えていくかというところが、とても大事ですね。ラフな方法だと、ただダクトを引っ張ってきて、ファンのスピードを変えながら入れればいいという話になるんだけど、それがもっと繊細になってくると、どこから入れて、空気をどうやって動かしたいのかということをデザインしていくというところにいかないといけない。そういう組み合わせを、ユーザーがいかに簡単にできるようにするかというところが、大事なポイントだと思いますね。

本田　簡単にできるというのが大事ですね。だから僕は、窓を一つバックヤードに付けてくれと言ったんです。冬にちょっとだけ開けるんですよ。秋ならもうちょっと開ける。そして、緩く暖房を回しながら外気を緩く入れていれば、自分の好きな環境がつくれるんです。

小泉　この「は虫類・両生類館」では、動物だけでなく植物もいっしょに展示されていますね。

本田　自然界では動物が暮らす環境の中に必ず植物も暮らしているわけです。ですからこの施設においても植物も育たないような環境で動物は飼いたくないという思いが、設計の段階からあるわけです。ここではその爬虫類の生存している地域の植物を植えている。その環境を展示するということです。べつに動物が主役なわけでもないし、植物が主役なわけでもない。動物も植物も、さらに、その土壌も、熱や光も、その展示環境を構成する要素として、一つ一つが大事なものなんです。

斉藤　「は虫類・両生類館」に来る人たちに、植物も含めてそういう奥深いところまでちゃんと見てほしいということがあるんです。なかには2時間、3時間も観ている人もいるんですよ。

小泉　入っていきなりガラス張りのセンターラボが真ん中にありますね。この施設がどういう施設としてあるかがよくわかります。単なるアミューズメント施設ではないことを示していますね。

斉藤　コンセプトはリサーチ・インスティテュート。「円山動物園 本田研究所」です（笑）。

小泉　そこで、再三希少種の繁殖を成功させているという、まさにその現場が観られる。

9　小中型展示ゾーンでは太陽光のリズムは紫外線ランプを用いて人為的に各飼育種の気候に応じて再現されている。

本田　ここでの展示はやはりリアルでなければいけないという考えがあります。旭山動物園のように行動させることに特化した施設もあるわけですが、ここでは景観もしっかりつくり込んでいます。ですから疑岩をつくったときには、僕はずっと工場にいたんです。砂漠に棲むやつは、パッと見れば、あ、こいつ砂漠にいるんだなとか、あ、熱帯にいるんだなとか、そんなことがパッとわかるようにしたかった。

人間にとっての環境

小泉　動物と植物との環境という先に、では人間にとっての環境という話になるわけですが、本田さんからみて、「は虫類・両生類館」での試みを通じて、人間にとっての環境についてご意見を最後にお聞かせいただけますか。

本田　最近、「健康住宅」が、よく話題になりますが、その「健康」という概念がそもそもどこに置かれているのだろうかという疑問を日々感じますね。リズムというものが住宅でもオフィスでも常に一定なんですね。一定が心地よくて、イコール健康みたいなね。だけど、人間もそもそも体温の変動があって、代謝変動のある動物なんだから、寒くなったらゾウガメみたいにライトの下へ行って、ちょっと暑くなったら避けられるというくらいの、そういった温度や光の勾配が環境にあったほうがいいと思います。昔の家みたいに極端にトイレやお風呂が寒いというのは問題ですけれども。

小泉　勾配があって、それを自由に選択できる環境は人間にとっても大事だということですね。長いことお話をお聞かせいただきありがとうございました。

INTERVIEW

環境のシークエンスを演出する
カフェバーにおける外から内に導くクリマデザイン

北田たくみ　KITADA Takumi
聞き手　小泉雅生

アプローチにある柿の木から店内へと連続する環境のシークエンスを
ピーエスのHR-Cを利用して実現したカフェバー「Lastdrop」。
設計者である北田たくみ氏にクリマデザインにおけるPS HR-Cの魅力と可能性について聞いた。

PS HR-Cと環境のシークエンス

小泉　「Lastdrop」ではピーエスのHR-C（除湿型放射冷暖房システム）を使っていますが、使い方がとても面白いですね。どのような意図があったのですか？

北田　設備は覆い隠すのが常識的ですけれど、逆にわざと見せて隠すという方法もあります。

以前から独特な形状のHR-C+Cを吹抜けのような空間で使うとパイプオルガンみたいなイメージがつくれるのではないかと考えていたのですが、天井の低い「Lastdrop」ではパイプオルガンを湖のほとりに立つ森の木々に置き換えて、美しい景色に見せようと考えました。そのためドレインパンを使わず、結露水は防水を施した床に溜まり、水盤が自然に張られる造りにしています。

夏場は銅管に結露水が付きますが、滴が下に落ちていく様子もきれいですし、音もきれいです。空気中からあれだけの水分がなぜ生まれてくるの

か、その不思議さも表現したかったですし、暖冷房を使わない季節でも、見ていて美しいと思えるものにする。これが結果として設備を隠したことになるんです。

また「Lastdrop」ではカンティーナを導入し魅せる食品庫を造りました。自然と下のほうが温度が低くなるので、それに適した食品はここ、ワインはここ、バターはここ、野菜はここと、温度差を利用して貯蔵しています。

小泉　外の庭と店舗を環境的に連続させたいと考えたのはなぜですか？

北田　自然な人の流れを期待し、居心地を追求した答と言えるかと思います。

「Lastdrop」の玄関の前には大きな柿の木があって、毎年、たくさん甘柿が成るんです。それはこの辺りを通る人たちにとって昔からある光景なんです。今まで家だったところがお店になった。「Lastdrop」は築50年を超える古民家に内側から

1　パイプオルガンをイメージしてつくられたカフェバー「Lastdrop」
　　のPS HR-C

耐震補強を施し、見慣れた街の風景としての外観を残すことを念頭にリノベーションを行い、店舗として蘇ることのできた空間なんですね。見慣れた柿の木の緑のアーチをくぐってお店の中に入ると、外観からは想像しがたい内観のギャップに心奪われながらも、森の中にいるような居心地につなげたいと考えたわけです。緑をくぐってみれば、やはりそこは森・自然。それは、HR-C以外では醸し出せない空気感なんですね。

　真夏でも「Lastdrop」の玄関ドアは開けっ放しで、アプローチと連続しています。そんなことをしたら中の環境は最悪になるはずなのに、そうならない理由はHR-Cの冷放射のお陰です。

　古民家をリノベーションしたカフェなどに行くと、雰囲気はいいのだけど何かこう居心地が悪い。中の環境が良かったらほんとうに楽しいのに、どうしても長く滞在する気にならないということがよくありますが、そうしたことをHR-Cは見事に防いでくれる。まさに室内に気候をつくってくれる。空調をコントロールするということと、室内気候をつくるということは、まったく意味の異なることだと思いますね。

小泉　「Lastdrop」には巨大な無垢のテーブルが入っていますが、あれも室内気候と関係しているわけですね。

北田　そうですね。無垢の木が室内にどのくらいの体積あるかということも、実は室内気候に大きく影響していると思います。たとえば無垢のテーブルの厚さが60ミリあったとすると、単純に言って、そのテーブル面積の4倍ほどの無垢の床板を張ったのと同じ状態。それだけの吸放湿性が備わり、それだけ環境コントロールに一役かっ

2、3　「Lastdrop」エントランスの昼と夜。町の風景の一部としてさりげなく建つ。

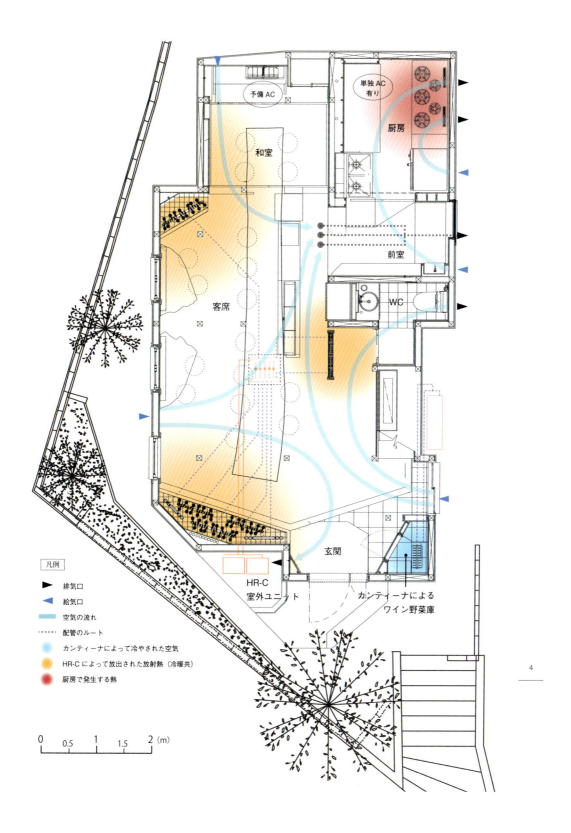

4　カフェバー「Lastdrop」平面図

ている。HR-C環境では蓄熱もするでしょう。単に一枚板だ、無垢板だ、ではなくて、そこまで考えて使っている人って案外少ないですよ。無垢板なのにウレタン加工して呼吸を止めてしまっていたりする。

小泉　環境工学的に「この環境が理想です」という数値がありますね。そのゴールを達成すれば、一応建築家として応えたということになる。そうすると、ドアを開けてその環境にポンと入るということを誰も不正解だとは思わないわけです。だけど実際には、そこに行くまでのアプローチ、シークエンスが大切じゃないですか。たとえば美術館で絵画を見るときに、展示室がいきなり道端にポンとあったら面白くも何ともないわけで、その絵を見るためにゲートをくぐって、少しずつアプローチで気分を高めていって絵を見るから感動が大きくなるわけですよね。

北田　そうなんです。アプローチをどうするかということは、人を感動させる大事な要素だと思います。

小泉　僕ら、環境というと端的にゴールだけあって、そこに至る道すがらはこれまであまり考えてこなかった。すぐにゴールに行けたほうがより良いという発想になっちゃうでしょう。見える風景がどう変わるかというシークエンスの質については、建築の王道としてありますけれど、シークエンスの温熱を含めた環境版についてはこれまであまり意識してこなかったけれど、重要ですね。

　　たとえば神社なんていうのはまさにそうで、鳥居をくぐるたびに奥へ奥へと入っていくわけだけど、実は木立の中のひんやりした空気感や砂利を踏む音とかが、全部重なって演出されています。

PS HR-Cはナイーブな装置

北田　鉄やガラスは嫌いでも木という素材を嫌う人はあまりいません。それは人間がこれまで歴史を重ねて生きてきた中で、組み込まれた感覚だからでしょう。土の上を歩くということもそうだと思うんですね。舗装道路の上を歩くのとは違う安堵感を感じます。HR-Cの放射冷暖房にもそういうところがあるように思います。実際、HR-Cを使っていると、誰でもDNA的に体が拒否しないというか、そこが他の空調と違う気がします。

　　これまでにHR-Cを使って16、17軒やりましたけれど、ほとんどクライアントに対する僕からの逆提案なんです。こちらの熱意が伝わると、相手が興味を持ってくれて、その温熱環境を体験すると、ほぼ全員が感謝してくれるというところまでいく。

小泉　その実績と経験があったから「Lastdrop」でも使えるという読みができたわけですね。店舗でHR-Cはよく使いますか？

北田　店舗はあまり多くないですね。なぜかと言うと、店舗は人の出入りが激しいので、普通のエアコンと併用させない限りまかないきれないと思います。「Lastdrop」では、これだけの設備を入れることができたからいいけれども。たとえば20人ぐらいいっぺんにゾロゾロゾロッと入ってきたら人の体温で居心地が悪くなるじゃないですか。でもHR-Cはエアコンのように急に温度設定を変えてということができない。要するに、HR-Cの他にエアコンの費用も必要なわけです。それがなかなか捻出できない。

小泉　そういう意味では「Lastdrop」はじっくり滞在してほしいお店なんですね。

5 カフェバー「Lastdrop」内部。巨大な無垢の1枚のテーブルが客席を貫く。
6 玄関方向を見る。玄関の左にカンティーナ。右に銅製のPS HR-C

扱い方を間違えると全然別物ですね。

　昔の日本の暮らしを振り返ってみれば、夏物と冬物はタンスを入れ替えたり、手間をかけるということが前提で、住み心地を確保してきた。最近それを全部捨てて、スイッチ一つで全部管理してもらう感覚の人が多いので、そういういいとこ取りだけしようと思っている人からしてみれば、HR-Cはクレームになりかねない部分もあると思うんですよ。

　何かものを扱うというときのちょっとした手間、窓をちょっと開けて空気を入れ替えるとか、そういう精神は逆に戻していかないと、この設備の良さが活きないのではないかと思いますね。

放射パネルと自給自足型シェルター
北田　実はHR-Cには、まだ更なる可能性を感じています。

　外の設備的なものは10年単位で取り替える必要があるかもしれないけれど、中の躯体に絡むラジエーターの部分は、壁と一緒でずっとそこにあり続けるようにできる。それこそ修理しながら使い続けていく教会のパイプオルガンのようなイメージに近いのですが、長くずっと残していくような空間にこそ、この装置が必要ではないかと思っています。

小泉　ある程度永続的なものとして放射パネルを位置付けるという発想はとても可能性があると思いますが、具体的にどんな施設でやってみたいと思われますか？

北田　それは自給自足ができる建築ですね。外の設備の話をしましたが、電気や熱源が外から供給されなくても自然エネルギーを有効活用して自給

北田　そうですね。人の出入りが激しいところでやると、HR-Cはナイーブな装置なので瞬時に対応しきれない。こういう場合には小さなエアコンをここだけ付けてということをすると、HR-Cが活きるわけですね。その活かし方をちゃんと踏まえてやれば環境がより良いものになる。しかし

7　カンティーナ。美しい魅せる食品庫。脇に温度計とコントローラーが見える。
8　カンティーナ内部。PS HR-Cによる緩やかな放射温度勾配にそってワインや食品が保管されている。

9

自足できる建築のためにこそ必要な設備になるのではないかと。地震が起きて大変なことになっても、何とかしばらくは生きていけるような、真冬でも凍死しなくて済んだのはこれがあったおかげだ、みたいな。

小泉 空間的に大きいものとか、パブリックなものというよりは、もっと人間の生に根源的にかかわるようなものにトライしてみたいと。

北田 小さな取り組みからいずれはパブリックなものへ移行できる概念になればいいだろうなとは思います。みんなが集まってきたら何とか生き長らえるシェルターのような建築をやってみたいですね。とにかくそこに行ったら困らない。最低限みんながルールを守ってやる分には、この先どう生きていくべきかということをゆっくり考える余裕と時間を保てる空間をちゃんと各地に用意しておくことでの安心感ってあると思います。例えば、別の目的で造られる公園内の施設が緊急時にはシェルターとして稼働するような建物とか。そんな場所にこの放射パネルを活かしたいですね。

そこに行き着くためには、狭い土地に小さな家を建てるときなど、小さいからこそ自給自足に近い形でやってみませんかというような事例を実験的にトライし、いろいろデータを採りながら大きなものにスライドさせていくというのが理想的かなと思っています。

ここまではできますよという発想であれば、今の時代、かなりのところまで来ていると思うんです。だから、21世紀の後半の人たちに何かきっかけを残せればいいなと考えています。

9 カフェバー「Lastdrop」ではPS HR-Cの結露水も見て聴いて楽しむオブジェに演出されている。

アジア蒸暑地域におけるクリマデザインの展開

ベトナムの事例を中心に

岩元真明　IWAMOTO Masaaki

アジア蒸暑地域の課題

　アジア蒸暑地域には世界人口の約1/3に当たる20億人以上の人々が暮らしている[1]。地球全体の持続可能性を考える上では、急速な発展を続ける同地域の新興国のエネルギー消費を考えることが急務である。しかし、現状では温帯以北で開発された——環境を飼い慣らすための——建築言語を用いて空調負荷の高い建築が次々と建てられている。常にエアコンが全開となったガラス張りの高層オフィスはその典型と言えるだろう。熱帯諸国は独自の環境基準を整えつつあるが、その多くはLEED[2]などの先進諸国の基準に基づいており、未だ熱帯の気候にふさわしいものとは言いがたい。

　また、貧富の差が激しい新興国では享受できる室内環境に格差が広がっている現状がある。高層オフィスで働きショッピングモールで買い物をしてコンドミアムあるいは郊外のヴィラに帰る富裕層は、1日中車で移動し冷房の効いた世界から離れることがない。その一方で、エアコンを所有できない人も多く、都市過密化に伴い通風が悪化した建物にひしめいている。

　豊かさを求める人々を止めることはできない。しかし、アジア蒸暑地域の人々が温帯以北の先進諸国と「同じ」温熱環境を求めたら、膨大な冷房負荷によって地球規模のエネルギー問題が生じることは想像に難くない。また、各都市の内部に目を向けると、莫大なエネルギーを投入しても快適な環境を享受するのは一握りの人間である。これらはいわば温熱環境の格差問題——先進国／新興国、富裕層／貧困層という二重の格差——である。このジレンマを解決するには前提を覆す必要があるだろう。つまり均質な室内環境を求めるのでなく、多少の変化を許容し、高温多湿な熱帯・亜熱帯にふさわしいおおらかな快適環境をめざすことである。このような観点から見れば、アジア蒸暑地域こそクリマデザインを特に必要としている場所と言えるかもしれない。

　本稿では、特に筆者が実践的に関わってきたベトナムの建築を題材として、アジア蒸暑地域におけるクリマデザインの可能性を検証してみたいと思う。

ベトナムの気候と在来建築

　春夏秋冬という四つのモードがある日本に比べ、年間を通じて気温が高いアジア蒸暑地域での建築設計は実は「イージー」である。たとえばベトナムの最大都市ホーチミン市では日平均気温が常に26℃を超えており、最も暑い4月で30℃程度である。季節は乾季（12月〜4月）と雨季（5

---

[1]——岩田司「アジア蒸暑地域における低炭素社会実現のための住宅関連研究と日本」2009年（日本建築学会大会学術講演梗概集、p.344）

[2]—— Leadership in Energy and Environmental Design。欧米はもとより最近では中国、アジアなど100カ国以上で使われている米国の非営利団体USGBによる建築の環境性能の格付けシステム。

月〜11月）の二つしかない。基本的には暑さをしのぐことだけを考えれば良いので、夏と冬に対応しなければならない温帯以北よりも建築設計時のパラメーターが少ないと言える。

　このような環境下で特に重要なのは「遮熱」と「通風」である。エアコンに頼りきることをやめたとき、なにより大切なのは暑い日射熱を遮断し風による冷涼感を得ることであり、従来の省エネ建築の金科玉条である「断熱」は必ずしも必要とはならない。建築研究所によれば、蒸暑地域では外断熱で冷房効率を上げても窓を開けると高温多湿の空気が流入して躯体に結露が生じ、腐朽やカビの発生を促進させてしまうことが判明している*3。また、ベトナムの都市建築には隣家と壁を接し合う長屋が多いので、そもそも外壁面の断熱が不要なことも多い。

　それでは、ベトナムの建築はこのような環境にどのように対応してきたか。ホーチミン市の風景を眺めるだけでも高温多湿の気候に対応する様々な工夫が見出される。長い庇やピロティの空間。スチールやコンクリート、時に茅などでつくられた日射遮蔽のスクリーン。中空ブロックを用いた通気口。ドライミストによる気化熱利用。壁面緑化や屋上に設けられた藤棚による日射遮蔽……。室内に目を向けると天井が高い空間が多いことに気が付く。きわめて一般的な住宅でも階高が3.2〜3.4m程あるのだ。これは人々が活動する床付近に熱だまりをつくらないための工夫である（ちなみにベトナムでは階高が法で規定されている地区も多い）。また、天井扇が設けられていることが多い。なおベトナムで最も一般的な住居は間口4m、奥行き15〜20m程度の長屋である。階数は2〜5階建が多いが、都心部ではさらに高層の長屋も見ることができる。この長屋形式は伝統住居に由来し、本来は中央に中庭があり、採光・通風を促進していた。しかし都市部では高層化・過密化が進み、中庭が意味を成さなくなるか、中庭自体が失われていることも多い[Figure 1]。

アジア蒸暑地域の近代建築

　次にフランス植民地時代のコロニアル建築を見てみよう。コロニアル建築はただ本国の権威を表象するだけではなく、時に自らの建築言語を南国の気候に適合させようと試みてきた。庇の深いバルコニー、開け放しのバラ窓、レンガの透かし積み……。これらは組積造建築の閉鎖性を改変し、適度な風と光をもたらすための工夫である。コロニアル建築が開発した方法は、形を変えて今日の建築にも影響を与えている[129頁Figure 2]。

　コロニアル建築と同様に、20世紀初頭に熱帯に到達したモダニズム建築も自らの建築言語を高温多湿の気候に合わせてきた。ル・コルビュジエが考案したブリーズ・ソレイユ（日射遮蔽のスクリーン）はアジア蒸暑地域の各国に定着してい

1　ホーチミン市の風景。長屋が高密に建ち並んでいる。

＊3——前掲p.345

る。有名なのは彼自身が関わったチャンディガールの建築群だが、ベトナムでもフランス帰りの建築家ゴー・ヴィエト・トゥーが繊細なブリーズ・ソレイユをデザインしている。たとえば1966年竣工の「統一会堂」（旧南ベトナム大統領府）では竹をモチーフにした縦ルーバーが採用されている[Figure 3]。

ベトナムの事例ではないが、隣国カンボジアの近代建築家ヴァン・モリヴァンの作品もいくつか紹介したい。モリヴァンはカンボジア独立直後の1960年代にシハヌーク王子の下で活躍した建築家で、クメール文化と蒸暑気候に根ざした彼の近代建築はきわめて独創的である。1964年竣工の代表作「ナショナル・スポーツ・コンプレックス」[Figure 4]では、コンクリート造の観客席下部がすべて通気口になっており、空調を必要としない広大な半外部空間がつくられている。無数の通気口から射し込む光は聖堂のように荘厳である[Figure 5]。後期の作品「高等師範学校」（1972年）はピロティ・縦ルーバー・水庭・アトリウムなど様々な工夫の集大成であるが、特に屋根の造形がおもしろい。屋根面にはコンクリート造の「筒」が並べられ、その中を風が通り抜ける。ここではダブルルーフという遮熱手法が見事な建築表現に昇華されている[Figure 6]。

これまで述べたように在来建築、コロニアル建築、1960年代の近代建築には厳しい暑さと折り合いをつける様々な工夫を見出すことができる。それでは現代建築はどうか。残念ながら今日アジア蒸暑地域に建設されている建築の多くは先進諸国の建築の劣化コピーである。私見ではエアコンが普及した1970年代前後に大きな変化が認めら

れる。エアコンを使えば熱帯にも欧米同様の室内環境を生み出すことができる。それゆえ——皮肉なことに——エアコンの登場によって蒸暑地域特有の建築言語の開発が止まってしまったと考えられる。エアコンが建築家をスポイルしたと言えるかもしれない。

しかし近年では新興国でも持続可能性への意識が高まり、状況は再び変わりつつある。インドネシア、タイ、ベトナムなどで、高温多湿の気候にふさわしい現代的な建築言語が生まれつつある。以下、筆者が2011〜15年の3年半パートナーを務めたベトナムの設計事務所ヴォ・チョン・ギア・アーキテクツの建築をケース・スタディとして紹介したい。

異なる温熱環境の共存——
「木のための住宅」と「6区の住宅」

「木のための住宅」はホーチミン市内でも特に人口過密なタンビン区における個人邸の計画である。周囲が長屋で囲まれた陸の孤島のような敷地に五つの直方体をちりばめ、それぞれに大きな木を植えている[130頁 Figures 7, 8]。直方体のすき間は小さな庭となり、一部はブリッジを兼ねた庇で覆われている。ここでは室内・庇下空間・中庭を生活の場として一体的に使用することを提案した。つまり、空調エリアは箱の中に制限され、生活空間は外部まで拡張される。常に温暖なホーチミン市ではこのように内外が入り混じった住環境が成立すると考えたのである。外壁は竹型枠コンクリート打ち放しである。屋上緑化層は深さ1.4mあり、遮熱・断熱に有効である。

ホーチミン市に建設された「6区の住宅」もま

2　ホーチミン市の旧グラル病院。コロニアル建築に典型的なバルコニーや透かしレンガ壁が見られる。
3　統一会堂（ゴー・ヴィエト・トゥー設計、1966年）
4　ナショナル・スポーツ・コンプレックス（ヴァン・モリヴァン設計、1964年）
5　ナショナル・スポーツ・コンプレックス　内観
6　高等師範学校（ヴァン・モリヴァン設計、1972年）

た、直方体の箱による構成である。ただし、ここでは箱を上下左右に積み、箱のすき間に連続的なヴォイド空間を設けた [Figure 9]。箱の内部は空調エリアで、箱のすき間のヴォイドは自然通風のエリアである。ヴォイド空間は多方向に開口部があり、垂直に連続しているため煙突効果も促される。ゆえに、常に風が通る空間になると期待される。箱の内部は寝室やキッチンなどで、すき間のヴォイドには食堂・学習スペース・動線などのコモン機能が配置されている。

この二つの住宅に共通するのは、エアコンを用いる空間は最小限にして、自然通風の空間を大きくとることである。近代的ライススタイルと環境共生的なライフスタイルの共存と言えるかもしれない。エアコンによる快適性と通風による快適性はまったく質が異なる。どちらか一方を押しつけるのではなく、その両方を取り込んで住宅のプログラム――家族の場所と私の場所――と対応させている。こうすることで、エアコンに頼り切った住宅に比べはるかに省エネルギーで、しかも多様な快適性をもつ住宅ができると考えた。

蒸暑地域のプロトタイプ的幼稚園――「ファーミング・キンダーガーテン」

ホーチミン市近郊の工業都市ビエンホア市に建設された幼稚園であり、ユーザーは隣接する巨大靴工場の労働者の子どもたちである。「農業する幼稚園」がコンセプトであり、立体的に中庭を囲い込む一筆書きの屋根が全面的に緑化され、一部には実験菜園が実現している [133頁 Figures 11、12]。

「ファーミング・キンダーガーテン」ではベトナムの気候にふさわしいローコスト・ローテクの省エネ技術が組み合わされている。屋上緑化による遮熱、縦ルーバー、緑化ファサード、太陽熱給湯などである。また、隣接工場の排水を灌漑とトイレ排水に利用している。これらの工夫によって建物は一般的なベトナムの幼稚園建築に比べ電気

7　木のための住宅（ヴォ・チョン・ギア・アーキテクツ、2014年）
8　木のための住宅　中庭
9　6区の住宅（ヴォ・チョン・ギア・アーキテクツ、2014年）

量25%、水40%を削減することに成功した。特筆すべきは通風である。ピロティ空間で三つの中庭をつなげて建物全体に風を行き渡らせ、育児室の両側に開口部を設け通風を促進させている。「ファーミング・キンダーガーテン」では、このように通風を確保することによって一部の部屋を除いてエアコンが不要となった。通風の妥当性を検証するべくCFD解析も行っている。[Figure 10]。エアコンに頼らない快適性を幼少期から体験することは、新しい世代が新しいライフスタイルを築くために重要であると考えられる。

蒸暑地域におけるクリマデザインの可能性

ベトナムの都市を歩いていると、しばしば人々の生活が表出した路地に行き当たる。ジェイン・ジェイコブズが『アメリカ大都市の死と生』で描いた「ハドソン通りのバレエ」のアジア版といった楽しい雰囲気である。しかし、外部に生活があふれ出る「楽しい」路地風景と劣悪な住環境は実は背中合わせなのかもしれない。人々は家の中よりも快適だから外に出ているにすぎず、それが結果的に（傍目からすると）「楽しい」路地風景を生み出しているのかもしれない。ジェイコブズが指摘した近代における「街路の凋落」は、都市計画の問題のみならず、室内環境が快適になったことにも——逆説的に——起因するように思われる。建築家は「より快適な室内生活」と「楽しい路地風景」を天秤にかけ、後者を選ぶことはできない。これは近代建築の限界の一つである。

環境を飼い慣らすのではなく、環境の変動を許容し、ゆるやかに制御しようとするクリマデザインの考え方は、この限界を乗り越える方法論となり得る。密閉された空調空間から脱することは、アジア蒸暑地域のエネルギー負荷を抑えるだけでなく、西欧中心で展開してきた建築言語に変革をもたらすチャンスかもしれない。より「ルーズ」で包容力のあるシステム。その可能性を今後も考えていきたいと思う。

10 ファーミング・キンダーガーテン　CFD解析図
　　（解析／環境シミュレーション）
11 ファーミング・キンダーガーテン（ヴォ・チョン・ギア・アーキテクツ、2013年）
12 ファーミング・キンダーガーテン　中庭

11

12

INTERVIEW

野菜が喜ぶ店舗環境をつくる
「錦 かね松」の放射冷房

上田耕司　UEDA Koji
聞き手　小泉雅生＋平山武久

京都・錦市場に130年以上続く老舗「かね松」がある。京野菜を商う八百屋だ。
「かね松」の原点は京都近郊の季節の野菜を売ることだ。
季節の野菜に適した店舗環境をつくるために採用しているのがピーエスの放射冷房である。

八百屋の原点に戻った「かね松」

上田　うちは明治15年の創業で、祖父、父、私と続いて、今、息子の代で、130何年続いている京野菜を主に商っている八百屋なんです。よく「産直ですか？」と聞かれますが、中央市場ができたのは昭和5年で、それまではみんな自分たちで近郊の野菜を集めていたわけです。それが、お客様がだんだん変わってきて、セロリがほしい、レタスがほしいということで、うちも普通の八百屋になった時期がありました。それをもういっぺん昔に戻ろうやないか、近くで採れるもの、あるいは生産者の方と会うて話をして、お互い息合ったものだけを扱おうということで、今はやっています。

　今でこそ「地産地消」と言われますけど、昔から京野菜はその典型です。京都の人はよそさんのものは食べへん、と言うてますわ。ちょっと半分いけずがあるんですけども（笑）。キュウリ食べたかったら夏まで待つ。そういう人はだんだん少なくなりましたが、昔は京都の人は三里四方のもんを食べろ、と言います。これが長生きの秘訣やと。

小泉　いま、この錦市場の店舗にはピーエスの放射冷房が装備されていますが、ピーエスを導入する以前は、どういう冷房の仕方だったんですか？

上田　親父の時代はよくあるスーパーの青果売り場と同じですわ。冷蔵ケースがずうっと何本も並んでいた。真ん中に昔のパチンコ屋にあったような大きなクーラーがあって、そこから冷気がぶわぁ〜っと出てくるから、みんなだるいんです

2

1　「かね松」の店先に立つ上田耕司氏
2　「かね松」のある京都・錦市場

よ。外からお客さんお見えになるから、温度は下げないといけない。レジやってる子が肩が痛いとか腰が痛いとか、すぐになりましたね。

　だいたい冷蔵ケースとか冷蔵庫がほしいというのは、夏にできへんものをつくるからですよ。昔やったら、ホウレンソウは冬。夏にはない。夏にはナスビやキュウリなどの果菜類。そう決まっていたわけですよ。これやったら、冷蔵ケースなんか何も要らんのですよ。ところが、夏にもこれがほしい、あれがほしい言うてくるから、生産者のほうも、これをつくろう、あれをつくろうということになって、夏に冷蔵ケース、冷蔵庫が要るような世の中になった。そこが間違いの元なんで

す。もう自然に、そのシーズンにできたものをできたときに売って、食べていたら、何の問題もないんですよ。その季節に合った気候条件のものを売っているんですから、そのままの状態でいい。ナスビ、トマト、キュウリなんて暑い暑い中できるんですから店が暑くても野菜にとってはなんでもない。

　まあ、そういうことでとにかくスーパーの青果売り場は嫌いやと。僕らはやはり、もういっぺん八百屋の原点に戻らにゃいかんと。それが店の改修につながっているんですわ。

野菜とピーエス放射冷房

小泉　お店を改修されたのは何年前ぐらいですか？

上田　14年前になります。

小泉　野菜をどういうふうに売るべきかということが改修のきっかけになったというのは普通と逆ですね。普通は売上げ出して、客が入りやすいように改修して、その後に設備を入れる（笑）。

上田　まあね、うちは野菜を大事にしてますから。

小泉　ピーエスの放射冷房を導入したきっかけは何ですか？

上田　その頃、うちの店先で野菜の表面温度を測っているあやしい人がいたから、声をかけた。それが平山社長だった（笑）。平山さんに会う前は、風がなくて冷やせるものとして、アイスクリームを買うたら入れておく蓄冷材があるでしょ。あのでかいやつを敷いて、その上に野菜を乗せたらどうやろかと考えていたんです。そうしたら平山さんから放射で冷やすもっといい方法

3 ―
4

3　店内のPS HR-Cは井水を利用した水冷式チラーによる。放熱板の縦格子が店内の落ち着いた雰囲気に合っている。
4　PS HR-C表面の結露のよう。自然除湿により体感温度を下げている。

5 「かね松」店内。吹抜空間になっており、床は石材が使われている。石とピーエスの除湿型放射冷房との相性はすこぶるいいと上田氏は言う。
6 ずらりの並んだ京野菜の名札。左から春夏秋冬の順に書かれている。「京野菜は旬を教えるのが大事な仕事や」と上田氏は言う。
7 上田耕司氏

8

　があると提案された。それまでも暖房器具では似たようなものを見たことがあったんですが、クーラーでは知らなかったですね。

　京都は水がいいんです。京都全体が大きな水瓶になっていると言われているぐらい、どこを掘っても井戸水が出る。もうちょっと井水の温度が低ければ、ピーエスを直に使えたのが残念なんですけども、ここはチラーを使って水温を下げて使っています。

　私、自分の寝室にピーエスを1個付けているんです。風がなくて温度が下がって湿度があって野菜にやさしいのなら、人間にもやさしいやろと思って。そしたら、もう一番体が正直です。気持ちがええですわ。クーラーのような疲れがない。暖房のときも喉が痛くない。

小泉　ああ、乾燥しない。

上田　ええ、風があると、菜っ葉類は萎びます。私の店は秋はマツタケ専門なんですけども、風に当たると目方が減る。マツタケですから100グラム何万円のやつが1グラムでも減れば困るわけです（笑）。デパートにも店を出していますけども、デパートですと、大きな空調を使っていますから朝100グラムのマツタケがそのままで閉店時間には90何グラムになっている。ピーエスだと、そんなに軽くならない。むしろしっとりしてくる。そのへん非常に私はピーエスを買っているんです。

小泉　ピーエスは普通の空調と比べるとだいぶ毛色が違うので、使い始めの頃、戸惑われた部分はありませんでしたか？

上田　最初の年は、朝スイッチ入れて、もう2日、3日、なかなか冷えないんですよ。立ち上がりに時間がかかった。でも、1年経ってみたら、ごっつう速くなるわけです。

8　店内には明治時代から使われている野菜の冷やし台が今も現役である。水にドボンと漬ける野菜、流水に寝かせる野菜など、異なる野菜の保存方法に適応するように石が加工されている。

9　野菜保存倉庫に設置されたPS HR-C。糠床に最適な環境になっているという。

小泉　最初、蓄冷に時間がかかるわけですね。
上田　ええ、そんなことあるんやなと思うて。うちは床に石を使っていますが、ピーエスに石は付き物やと思うぐらい考えていかないとだめやと思いますね。石ってほんとにいいものやと思いますよ。
小泉　蓄熱量のある建築素材といっしょに考えることが大事ですね。

温湿度計だけでは計れない食品庫の環境

小泉　平山さんから倉庫の糠床の具合がとてもいいという話を伺っています。
上田　ええ、いいですよぉ。倉庫、ちょっと見ますか？
小泉　はい、ぜひ。
（全員で近くにある「かね松」の倉庫に移動）
小泉　なるほど。ここにピーエスが入っているんだ。
上田　ここは野菜を置いておく冷蔵倉庫なんですわ。糠床にそんなにいいとこやとは最初わからな

9

かった。この糠床を何かの拍子にここへ置いたんですよ。そうしたら、ものすごく糠の状態がいい。昔から糠床は毎日かき回せなあかんと言うじゃないですか。ところが、その必要がないと言ったら語弊がありますけども、それくらい活き活きとしているわけです。ここ、店のように「開放的」じゃなくてワインセラーみたいになっているからよけいええのでしょうね。糠床が活きてる状態っていうのは、酵母の専門の先生に聞かなわからんですけど、温度と湿度と、何か組み合わせがあるんでしょうね。これはほんとに偶然やったんです。
小泉　糠床が元気ということは、やはり味も変わりますか？
上田　うまいですよ。このやり方だと、酵母にもいいし、野菜にもいい。平山さん、今度、生ハムのコロンとしたの、ここに吊ってみようか。
平山　ああ、いいかもしれませんね。というのは、フランスのチーズの熟成を専門にやっている人が、東京・青山の高級食材店に来て、ピーエスでやったワインセラーをずっと見てたんです。その後、その食材店の裏のチーズが貯蔵されている倉庫に僕を呼んで、そこの温度計と湿度計を見ろと。ここは適正な温度と湿度にピッタリ合っているけれど、だめだと。要するにその倉庫は風でやっているんですよ。数字は合っているけれど、これではいいチーズは絶対できないと。それでまたワインンセラーのほうに入っていって、こういう雰囲気がいいんだと。これはもう数字では表せないのだと僕に言うわけです。
上田　だから石で小屋つくって、ピーエスの放射冷房をどこかの山の中のせせらぎの冷たい水でやったら野菜や発酵食品にはもう完璧やと思うわ。

船荷倉庫を商業施設に変えたクリマデザイン

ONOMICHI U2 にみるコンバージョン

荻原廣高　OGIHARA Hirotaka

船荷倉庫を商業施設に

　広島県尾道市は、海と山に囲まれた地形に古民家の立ち並ぶ「美しい坂の街・尾道」として広く全国に知られており、多くの観光客やサイクリストがやってくる。

　瀬戸内海へつながる尾道水道沿いにあり、船荷倉庫として昭和18年（1943）に建てられた県営上屋2号が、この街の新たな拠点施設としてホテル、サイクルショップ、イベントスペース、レストランなどの商業施設へとコンバージョンされることとなった。街にとっては瀬戸内海へつながる風景の一部として人々の記憶に長く残されている倉庫であることから、その躯体を残したままその中に新しい建築を足すことで、街の歴史を継承し、かつ人々に新たな場所を創り出すことを目指して計画された。建築設計はSUPPOSE DESIGN OFFICE、設備設計は広島県福山市の株式会社佐藤設計、そして構造設計と環境計画をARUPが担当した [Figures 1～3]。

　SUPPOSE DESIGN OFFICE は、小さな古民家が密集する尾道の街並みの小さなスケールの連続性と路地という関係性を継承させるべく、約2000m^2 の既存倉庫の中に、入れ子状に鉄骨造の小さな建物をつらなりに計画した。そうすることで、例えば自転車のリペアを行う路地、さらには地元住民やトラベラー同士の情報交換となる縁側など、建物全体を「街」と見立て人々の関わりを生むきっかけを創り出している [143頁 Figures 6、7]。

　しかし築70年もの時間が経過しているこうした既存建物のコンバージョンには、新築建物には見られないいくつもの困難や課題を伴うことも多い。例えば現行法規や基準との適合性であったり、既存躯体の耐震性能といったものがその代表例である。この建物も例外ではなく、その長い歴史に刻まれた建物自身の魅力を引き出すことと同時に、こうした課題を同時に解決することも設計においては大変重要であった。このONOMICHI U2では、まず最初に設計チーム全員で現地を訪れ、新たな価値創造に向けた可能性を探るとともに、潜在する課題を確認し合うことから設計が始まった。

3

1　コンバージョン後のONOMICHI U2の外観
2　微気候エリアにあるレストラン
3　ONOMICHI U2の遠景

連続する三つの領域

現地を訪れた我々の目を最初に釘付けにしたのは、長い時間をかけ風化されつつあるコンクリート躯体の艶かしい美しさであった。そして、強固な鉄扉に閉ざされ一面真っ暗な倉庫の中に、いくらか明かりを届ける複数の天窓も我々の目を惹いた。さらに、わずかな屋内換気のために数台の換気扇が設置されていたその開口跡からも自然光が漏れていた。このわずかな自然光がコンクリートの床や壁、そして柱を照らし、その美しい表層を静かに浮き上がらせていた [Figures 4、5]。

しかし、コンクリート躯体が現されているとは、つまり壁や床、そして屋根に至るまで断熱が敷設されていないことを意味している。建物コンバージョン後は商業施設に姿を変えるため、利用者や製品、食料品などのために空調設備は必須である。しかし、もしこの断熱性能の乏しいコンクリート躯体をそのまま現した上で通常の空調を行えば、日射熱や外気の影響を受けて屋内の温熱環境は常に不安定になるであろうし、年間を通じて大幅なエネルギー損失を生んでしまう。

しかし我々は、長い時間を経て美しく風化した躯体こそがこの建物の歴史そのものであると捉え、その表層に断熱材や仕上材を敷設してそれを隠してしまうのではなく、できる限りそのままの姿を建物内外のデザインに活かせないかと考えた。そうしたうえで、利用者の快適性を維持しかつ省エネルギーにも寄与する、この一見相反する課題を解決すべく、建築家とエンジニアの協創が始まった。

我々はまず、温熱環境や光環境の視点からこの建物内外の空間を三つの領域に分けた。入れ子状の新築構造に囲まれた室内(ホテル客室など)、海風に包まれる開放的な屋外(レストランテラスなど)、そしてそれらの間に位置する中間領域(ショップスペース、カフェスペースなど)である。

「室内」では常に安定した温熱・光環境と繊細な個別制御性を実現するための空調設備や照明器具が個々に装備されており、一方、「屋外」はもちろん空調のない自然環境下である。そしてこれら「室内」と「屋外」の中間には、両空間を柔らかく連続させるべく中間的な環境の空間「微気候」を定義することを考えた。

この微気候エリアこそが、前述したように断熱

4　コンバージョン前の既存倉庫(県営上屋2号)の外観
5　既存倉庫の内部

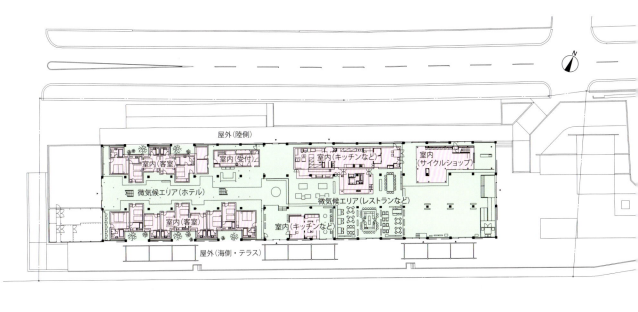

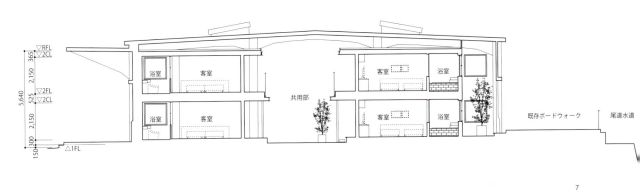

6　平面図（1階、2階）
7　断面図

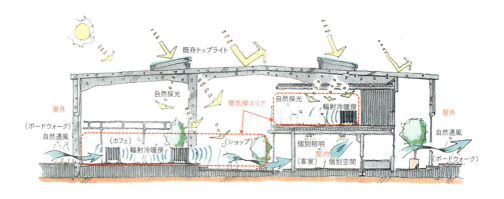

されていない既存躯体に直接囲まれている屋内の大空間であり、通常の空調や照明を用いたのでは、安定した環境を創ることも省エネルギーに寄与することもできない。そこで、既存躯体が常に外気の影響を受けることを逆手にとって、ここを半屋外的な環境の空間とすることを考えた。開放的で屋外に似たしつらえを空間に取り込むことで、利用者には自然の変化に寄り添う感覚を無意識に感じてもらい、一般的な室内のように厳密でかつ均質な温熱・光環境でなくとも満足度の高い空間を実現しようと考えた [Figure 8]。

こうした微気候を創るためには、空間デザインと反映させる自然環境や設備計画との融合が重要である。そこでまず我々は環境シミュレーションを駆使し、既存躯体の開口を利用した自然採光や自然通風について検討を行った。

年間を通じ日照の豊かな瀬戸内では、採光部を多くとるほど豊富な採光が期待できる。しかしただ開口を多くとってこの空間すべてを一律に明るくするのではなく、まずレストランやホテルロビーなどそれぞれの用途と機能に応じ目指す明るさ（昼光率・DF）の目標を定義したうえで、解析結果をもとに既存開口からの採光と用途配置との最適なあり方について検討した [Figure 9]。

また、瀬戸内特有の海陸風にも注目した。中間期から夏季にかけての日中は、海からの心地よい涼風が建物に向かって流れてくる。海側と陸側それぞれ適切な位置に既存開口を利用した通風口をとるとともに、取り込んだ風が空間を穏やかに流れるように入れ子状の小さな建物を配置し、この微気候エリアの中に0.1〜0.2m/sの穏やかな風の流れをデザインしている [Figure 10]。

微気候エリアの放射式冷暖房

このようにプランニングと環境シミュレーションを繰り返しつつ検討を重ねた結果、より開放的で採光性や通風性に優れたエリアはレストランやショップなどが計画され、やや落ち着いた環境のエリアはホテルのロビーや通路が計画されることになった。また、自然の光や風に呼応するように計画されたこの微気候エリアは、時間や季節の移ろいにもゆっくりと連動し、年間を通じさまざまな表情を届けてくれる。

しかし一般に温暖で知られる瀬戸内気候といえ

8　室外と室内の中間領域に微気候エリアを想定した環境イメージスケッチ

ど、夏季の暑さや冬季の寒さは大変厳しいものがある。主に中間期には自然の力で柔らかく環境が整えられる微気候エリアとはいえ、こうした夏季や冬季を快適に過ごすために空調システムは必須である。しかし前述したように、通常の空調方式のように空間全体の空気を冷やしたり暖めたりすれば、対流した空気が既存コンクリート躯体と次々接触してしまい、夏は日射を受けた躯体によって暖められ、冬は躯体によって急激に熱を奪われてしまうだろう。そこでこの微気候エリアでは、外気処理空調機とともに空気を通じてではなく、放熱器具と人との直接的な熱のやりとりによって冷暖房を行う「放射式冷暖房」を計画することとした。これなら、躯体の断熱性能の影響を大きく受けることなく、直接利用者と熱のやり取りをして、その温冷感を調整することができる。また、空間全体を強制的に冷やしたり暖めたりせず居住域付近だけを柔らかく調整することから、屋内外の中間である微気候エリアの雰囲気をその

ままに維持することができる。

　また、居住域をより効率よく冷暖房するために、利用者が多くかつ長時間滞在する場所には放熱器具を多く配置し、一方ただ通過するだけの場所には台数を少なめにと、その利用特性に応じた設計を行っている。さらにこの放熱器具はその表面積を増やし効率的な熱移動を行うために格子状をしているが、その特徴を利用し、視線を遮らない間仕切りとしてこれをそのままインテリアに利用している。インテリアとしての評価も高く、それが実は冷暖房器具であることに驚きの声をあげる人もいる [140頁Figure 2]。

　また夏季にはその表面が13℃程度まで下がり凝縮水が現れ、視覚的にも涼を演出する [Figure 11]。

　こうした検討を経て、この微気候エリアでは大部分の躯体をそのまま残した上で居住域の環境だけを柔らかく整えることに成功した。またそれは大幅な省エネルギーとともに、太陽の移動や外気の変化によって少しずつその様子を変え、時間や季節の移ろいに寄り添う個性的で豊かな空間となった。

　歴史を継承するための既存建物コンバージョン

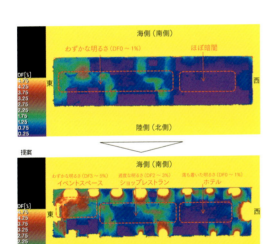

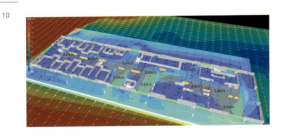

9　昼光率（DF）解析
10　自然通風解析
11　結露して清涼感を増す夏の放射式冷暖房機。表面温度は13.4℃を表示している。

145

は、環境的な側面においても多くの課題を含むことは事実だが、このONOMICHI U2では、現地の風土に寄り添うとともに、高度な環境シミュレーションと空間デザインの融合、そしてさらに最新の設備システムを組み合わせ、そうした課題を克服するだけでなく新たな建築的価値を付加することに成功した。またこのONOMICHI U2は、イタリアの大学や企業が主催する「International Prize for Sustainable Architecture」で2015年にGold Medal（最優秀賞）を獲得している。

コンバージョンに貢献するクリマデザイン

筆者は今、ロンドンに住まいを移し、ARUPのロンドン本社から環境設備エンジニアとして世界各地の建物の設計にあたっている。ここロンドンでは、日本のような台風や梅雨といった巨大なエネルギーをもった気象の変化は少ないが、わずか1日のうちに四季が訪れるような急峻な変化を毎日のように体感している。こうした風土の違いは、建築や建築環境への関わり方の違いにも現れている。

そして、ここロンドンはもとよりヨーロッパ各地では、歴史的建造物の価値を残しつつ近代的な機能を付加し、コンバージョンして未来へとつないでいく在り方がすでに多く実践されている。テムズ川沿いの巨大な発電所から現代美術館に転換したテートモダン（イギリス）や、元は駅舎であったオルセー美術館（フランス）、そして大型ガスタンクを商業施設に転換したガソメーター（オーストリア）などはその代表例であろう。そこを訪れれば、風土や歴史の重みと新しい価値の融合に、その場所でしか感じ得ない新たな刺激や知識、そして感動を受け取ることができる。

日本の風土に寄り添い、高度なコンピュータ解析や先端の設備システム、そして空間デザインや利用者の過ごし方まで組み合わせた、日本ならではのクリマデザインが、こうした歴史を継承し未来へとつなぐためのコンバージョンのさらなる実現や発展に貢献するだろう。

12

12 HOTEL CYCLEロビー。サイクリストのために自転車は全室持ち込みできる。
13 微気候エリアにあるショップ
14 屋外から微気候エリアへと連続してつながる。

13
14

INTERVIEW　　　　美容と健康から空気質を考える

菅沼　薫　SUGANUMA Kaoru
川上裕司　KAWAKAMI Yuji
聞き手　小泉雅生＋平山武久

高断熱・高気密化した室内でエアコンによる空調が一般化した今日の生活環境は、
我々の肌や健康にどのような影響を与えているのだろうか。
美容と室内環境、空気質とカビ、アレルゲンの関係を調査・研究している
エフシージー総合研究所の菅沼薫、川上裕司の両氏に話を聞いた。

肌に大敵な乾燥と紫外線

小泉　菅沼さんは美容の面から室内環境に対してアプローチされていますが、肌に悪い環境とはどういう環境を考えればいいですか？

菅沼　いちばん悪いのは強い紫外線ですね。次に乾燥。この二つですね。私たちが一般に肌と言っている皮膚のいちばん表面の部分、これを角層と言いますが、この角層があることが、地上に生きる動物にとってとても大事なことなんです。人の角層は部位によって異なりますが、15層ほどの層からできています。角層ができたことで、乾いた空気の世界でも生きていける。水生動物だったものが、地上で生きていけるようになったのも角層のおかげです。肌は濡れすぎも乾きすぎもよくないんです。濡れすぎるとバリアが壊れ、乾きすぎると角層が剥がれたり、ターンオーバー（新陳代謝）がうまくいかなくなったりする。適度な湿り気、濡れてないけれどしっとりしているという状態が大切なんです。

　もう一つ大事なことは、紫外線を防御するメラニン色素をつくれるようになったことです。日焼けすると肌が黒くなりますでしょ。紫外線は殺菌灯になるぐらい強いエネルギーを持っているわけで、それを浴び続ければ、いろいろなダメージを受ける。その典型が皮膚癌です。メラニン色素を獲得したことと角層ができたことで、私たちは生物として地上で生きていけるようになった。

小泉　メラニンというのは、人間以外の生き物もみんな持っているものなんですか？

菅沼　動物にもメラニン色素があります。茶や黒の毛にはメラニン色素があって、紫外線を防いでいますよ。

　人では、北欧の人は色白で、赤道に近い人は肌が黒い。獲得したメラニン色素をつくる能力の差が皮膚の色に現れている。たくさんつくれる人は紫外線が強い地域でも生き残れた。紫外線が少な

1　菅沼薫氏

い北欧ではそんなにつくらなくても済んだ。ところが、そういう人たちが移民やバカンスで移動して、たとえばオーストラリアなどに行く。オーストラリアで皮膚がんのリスクが多くなったというのは、体が長い年月をかけて環境に適用するように獲得してきた特性を無視して移動して、住む環境を変えてしまったからなんですね。

環境・年齢・性別で異なる肌
小泉　地域によって湿度が異なりますが、人の肌も異なりますか？
菅沼　ヨーロッパは湿度が低いので多くの人の肌はドライですね。表面がいつも突っ張っているような感じです。ですから化粧品もヨーロッパではわりと油分が多く、リッチな感じの化粧品が好まれます。一方、日本のように湿度が高いところでは、リッチな化粧品はベタベタしてしまう。ですから水溶性の保湿剤が多用された美容液やエッセンスが好まれる。

ただ冬になると、この頃はどこでも空調が効いているために室内が乾燥しています。それで日本でもクリームやオイルなど、ちょっと油分の多いアイテムに人気が出てきています。室内環境の変化で、ヨーロッパの女性と同じようなアイテムに化粧品も変わってきたのかもしれません。

小泉　1日の中での肌の変化というのはありますか？
菅沼　皮膚細胞の再生は夜中の寝ている間にできると言われています。そういう意味からも睡眠をじょうずにとることはとても大切なんです。寝ている間にかなり汗もかきますし、皮脂も出ます。いろんな代謝をしているわけで、毎日角層が少し

ずつ剥がれていく。これを私たちはふつう垢と呼んでいますが、垢が出るのが正常なんです。

　朝起きると顔を洗う。顔を洗わなかったら角質細胞は剥がれない。毎日、顔を洗ったり、お風呂、シャワーを浴びていれば、1日に1枚ずつ剥がれる。剥がれることによって新しい角層に更新し、バリアがきっちりいく。路上に寝ている人たちを見ると、顔がどす黒いでしょ。あれはずっと顔や体を洗っていないから角層が剥がれないで古いのが残っている状態なんです。強い日焼けをすると、皮が薄くピーッと剥けることがありますね。あれで、だいたい10層ぐらい剥けているんです。

　加齢とともにターンオーバーも遅くなっていきます。赤ちゃんが一番早い。1日1枚どころじゃない。3000グラムの体重が、1カ月後には倍の6キロぐらいになったりしますものね。赤ちゃんの肌は弱いからって、お母さんが赤ちゃんの顔を全然洗ってあげなかったら、もうガビガビになって、痛い、痒い。それをお医者様の指導でゆっくりゆっくり剥がしてあげたら赤ちゃんはご機嫌になった。

小泉　男性と女性では皮膚の状態は違いますか？
菅沼　違いますね。男性は皮脂の量が多いのですが、水分が意外と少ない。それはなぜかというと、毎日髭を剃っているからなんです。要するに、毎日角層を無理に剥がしているんですね。ヒゲの生えている部分は女性よりもはるかに水分量が少ない。ですから男性もスキンケアや化粧・ファンデーションをやったほうがいいと思いますね。昔の貴族はやっていましたでしょ。侍も登城するときにはやっていた。男も人前に出るときに化粧をすることは礼儀だったんですね。

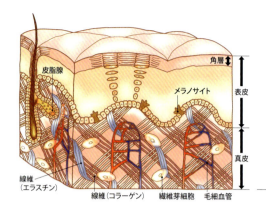

小泉　東洋人の肌は西洋人に比べてきれいだと言われますが、これはやはり気候と関係しているのですか？
菅沼　もちろんです。湿気があるからアジア人の肌はキメが細かくてきれいです。ただ日本人はシミができやすい肌タイプが多い。日焼けすると肌が赤くなって黒くなる肌タイプがいちばんシミが目立つんです。日本人が美白にこだわるのは、シミができやすいからですね。
小泉　手と顔は衣服に守られずに常に外に出ている。ということは湿度や紫外線の影響を最も受けやすいわけですね。
菅沼　そうです。顔や手の肌は年齢とともに変化していきますけれど衣服に守られているおなかの辺りは赤ちゃんのようにきれいでしょ。これは衣服によって紫外線を遮断し、適度な湿度を保っているからなんですね。

体と美容にとって良い建築を

小泉　肌と保湿の関係について女性はみんな知っていることなんですか？
菅沼　みんな知っていますよ（笑）。

2　皮膚の断面

小泉　室内環境を設計しているのは、だいたいそういうことに無頓着な男だからなあ（笑）。少なくとも室内気候をデザインする人間は、保湿の効果が人間の肌にとってどのような影響を与えるかということをもっと知っておくべきですね。

菅沼　そう思います。肌にとって保湿は最も大事です。ただ先ほども言ったように、多すぎてもだめ、少なすぎてもだめなんです。

　本来、私たちの皮膚や細胞には保湿機能がちゃんと備わっています。細胞そのものの中には天然保湿因子、ＮＭＦ（ナチュラル・モイスチャライジング・ファクター）と言いますが、水を溜め込む成分が入っている。その細胞のまわりは、細胞間脂質という脂で包まれている。さらにその上に皮脂が出る。それによって、保湿が自然にコントロールされるのがいちばん理想なんです。

　そのためにはバランスよく食べるとか、気持ちのいい睡眠をとるとか、ストレスの解消。この三つが大事。ですから外側から与えるだけではだめで、中からよくしていかなければいけないので、そういう意味では外も内も、両方からケアしましょうというのが、私の考え方です。

小泉　ちょっと変なことを伺いますが、女性が化粧品にかけるお金って平均してどのくらいなんですか？

菅沼　正確なことはわかりませんが、けっこう使ってますよ。かなり幅があるとは思いますが、月平均で3000 〜 4000円でしょうかね。

小泉　肌のケアは体のケアにつながるわけですが、そのためにある程度お金をかけるのは当然だとすると、建築も体や美容にとっていい環境をつくるためにそのくらいお金をかけるという意識を

持ったほうがいいのではないかと思います。

菅沼　建物だけをつくるのではなくて、その中の環境、要するに箱の中身をつくるという意識でもってつくってもらいたいと思うんです。

平山　ホテルにしても、スポーツクラブにしても、どんどん建築が変わってきていますが、ただ空調だけが変わっていないんです。あるドイツの高級ホテルチェーンの人が話していましたが、サービスも空間デザインもとても向上したけれど、空気環境だけは何も変わっていないと。やはりこれから高齢化が進み、健康というものに非常に感心が持たれるようになるから空気の質が次のテーマだと言っていました。

空調が広げるカビ菌

菅沼　空気の質はとても大事なテーマだと思います。じつは私たちの研究所では美容のことだけでなく、空気の質の面からアレルギーやカビの研究もやっています。担当の川上を紹介します。

川上　川上です。４〜５年ほど前に都内の大きな老人介護施設の空調機のカビの発生について8カ月ほど調査したことがありました。私の専門の一つは浮遊菌なんです。カビが一番得意です。その中でもアスペルギルスですね。コウジ菌はアスペルギルス属のカビですが、皆さんご存じのように日本の食文化にとってはなくてはならない菌です。味噌も醤油も鰹節も、日本酒でも焼酎でも、みんなコウジ菌（アスペルギルス属のカビ）の恩恵を受けて成り立っている。その反面、アスペルギルスのなかには悪玉菌も多いわけです。真菌感染症の原因菌であったりします。

　夏場の時期、エアコンが結露するとカビが発生

します。特に病院の場合、明らかに真菌症の院内感染の原因はこれだろうと思われることがあります。我々の仲間内ではもう常識になっていますが、それに対して対策がなかなかできていない。

小泉 病院だと暖冷房は中央の空調機からダクトで送られて、新鮮な空気は外から取り入れるという形が一般的ですね。それでもけっこうトラブルが発生していますね。

川上 今、住宅でも24時間換気システムがありますが、ダクト自体が汚れてくるわけです。いくらフィルターを付けているといっても、ダクトの中のケアが全然できていないから何年か経つうちに、吹出口の汚染という問題は間違いなく出てきます。

小泉 病院などで外に空調機があって、そこから新鮮な空気を入れているときはまだしも、住宅のエアコンの場合、中に汚れの塊があって、そこを経由して撒き散らしているわけでしょう。熱を行き渡らすってことは、菌を行き渡らしているということにもなる。

川上 最近のエアコンは冷房のときにいきなり止めないで、送風機能があって、1回常温に戻してからストップする仕組みに変わってきています。いきなりオフにしたら、中が完全に結露してしまうからなんです。

小泉 ああ、そういうことなんですか。

川上 ええ。管内部が結露するということは、業務用であろうが家庭用であろうが、これは完全に微生物が発生する原因になります。

小泉 先ほどの美容の話で、肌には保湿が大事だというようなお話を伺ったんですけれど、肌も風が当たると乾くというような部分もあるし、どう

も何か風に乗せて室内空気、室内環境をつくるということには、いろいろ問題が多いという感じが最近しています。

川上 やはり吸い込むということのリスクなんですね。最近の住宅は高断熱・高気密になってきた。そのメリットは当然ありますけれど、いったん何か汚染源があった場合、高濃度で吸い込んでしまうリスクがあることは間違いないと思います。昔はシックハウス症候群なんてなかったわけですから。微生物の場合も同じです。

小泉 ホルムアルデヒドの場合は発生源をなくせばある程度解決しますが、微生物に関してはたぶんそう簡単に発生源はなくならないですね。

川上 そうなんです。どこかにピンポイントで発生すると、それが空気の流れに乗って広がって、それを吸い込んでしまうリスクがある。たとえば肺のアスペルギルス症という、アスペルギルスの胞子を吸入することによって起こる感染症です

3　川上裕司氏

が、これはアスペルギルス・フミタガスというカビの感染によって起こる疾患なんです。

　私、東京の郊外に住んでいますが、今、建て替えの時期で去年までキャベツ畑だったところが、新しい住宅地に変わってきている。そういう周辺の畑の土壌を採ってきて調べると、この菌がいる。でも決して数は多くないんです。それなのになぜ患者さんの喀痰からこの菌が見つかるのか。町田市にある患者さんのお宅を調査したときに、鉄筋コンクリートの家で結露がひどくて、建て替えるという時期だったものですから廊下側の壁を剥がした。そうしたら壁側のところにビッシリこの菌が生えていました。断熱材の不備によって、壁体内結露が起こっていたのでしょうね。

　仕事柄、カビに困っているお宅を調査する機会があるのですが、2015年の夏に明らかな欠陥住宅に遭遇しました。建売住宅で築5年くらいしか経っていないのに、1階も2階もすべての窓ガラスの枠がカビで真っ黒になっていました。

小泉　それは開口部まわりの断熱の処理が不十分だからですね。

情報リテラシーとクリマデザイン

平山　もう一つの原因は住まい手が設備の運転の方法を誤解しているからなんです。日本では暖冷房のオンオフを頻繁に行いますが、ヨーロッパでは春まで切らない。冬入れて、春切るんです。日本ではずうっと通しでやるともったいないと思うから消します。それで、つけたときにすぐ温めようとする。そうすると急に温度変化が起きるわけです。急な温度変化をつくればつくるほど結露が起こりやすくなる。温度が安定して露点温度以上にずうっと保たれていれば、結露は起きません。

　そういうことを前提にして設備を計画すると、一般的に選ばれているエアコンの容量の半分以下で済んでしまいます。3分の1といっても過言ではない。高速道路でクルマを運転するより町中で加速したり止まったりしているほうが、燃費が高くなることを皆さん知っている。その町中の運転と同じことを実は家の中でやっているわけです。

菅沼　なるほどね。情報によるリテラシーをちゃんとやらないと、建築関係も何かデザインばかりが先行して、そうした大切な情報が意外と知られていないかもしれませんね。

小泉　先ほど菅沼さんが建築の専門家は箱をつくるだけでなく、その中身をちゃんとつくってほしいと言われましたが、まさにそうだと思います。室内の気候をうまくつくり出す。いわゆる人工的な環境ではなくて、美容や体の面から良い室内気候をうまくデザインするんだと。そういう発想で、室内環境をもう一度考え直してみようというのが、クリマデザインの意図するところなんです。

川上　なるほど。ぜひどこかで実際にコラボできるといいですね。

小泉　お忙しいところお話をありがとうございました。

クリマデザインと健康

西沢邦浩　NISHIZAWA Kunihiro

「健康と居住空間」というテーマで話題に上ることが多いのは、建材・家具・家電製品から発生する化学物質の抑制と換気、ダニやカビ・菌類の繁殖に関わる温度・湿気調整などの問題ではないか。高齢者のいる住宅では、これにバリアフリーが加わり、最近では居住空間のスマート化の流れの中で、トイレや寝室などでの生体データ取得を通した健康管理や高齢者の見守りシステム、アシストロボットやコンパニオンロボットも現実化されつつある。

しかし、これら以外にも、日常的に適度な運動性を確保することの重要性、居住空間内の光公害による正常な体内時計（サーカディアンリズム）阻害が健康面に与える影響など新たな研究分野に関するエビデンスが増え、屋内空気と健康に関する研究も加速度的に進み始めている。

このような最近の状況を踏まえ、健康という視点から、室内気候をデザインする、というクリマデザインのあり方を考えてみたい。

心身を揺さぶる居住空間の必要性
── sedentaryの予防として

運動時間と寿命の相関については多くの研究が指摘しているが、今、新たに問題視されているのが、従来のTV視聴に加えIT作業やゲーム、携帯端末でのコミュニケーションに割く時間の急増に伴って老若男女に蔓延しつつあるsedentary（不活発＝じっとしている状態）である。

運動習慣の有無と独立で、不活発時間の長さが心身の疾病誘発や死亡率上昇につながることが明らかになっている。一例として、座っている時間の長さとの相関を調べた研究を紹介する[Figure 1]。

ほかにも次々と研究が発表されている。米国で成人約5000人を対象に行われた研究では、同じレベルの運動をしている人同士を比較しても、日常生活で不活発な時間が長いほど、心血管疾患のリスクが高くなっていた[*1]。また、いくつもの研究を統合解析すると、不活発な時間が長いほど、大腸がん、子宮内膜がん、肺がんのリスクが高いことがわかった[*2]。肥満の原因としても、長く問題視されてきたカロリー過多と同等かそれ以上に、不活発な時間とそれをもたらす環境は危険因子として大きいかもしれないという報告まで出てきている[*3]。

こうした科学的な証拠を受けて米国ではすでにsedentaryが国家的な解決課題になっているのだ。

大人だけでなく子供の研究でも、動かない時間が長いほど血糖コントロールが悪く（つまり将来の糖尿病発症リスクがアップ）、テレビ視聴時間

が長いほど心血管疾患リスクが高まる*4。社会性の欠如や不安症を引き起こす可能性についても、複数の研究が指摘している。

日本で女子学生を対象にして行われた調査では、1960年前後と比べると、すでに90年前後でかなり基礎代謝量が低下しているという結果が出ている[Figure 2]。それから25年ほど経った現在、基礎代謝の低下幅はさらに大きくなっている可能性が大だ。基礎代謝量や最大酸素摂取量の低さは、死亡リスクにもかかわる基礎体力指標なので、将来の日本国民の健康寿命短縮に影響を及ぼすかもしれない。次世代の健康を守るためにも、sedentaryの回避は危急の課題である。

そもそもsedentaryのほとんどは居住空間で起こる。「居住空間内不活発」の背景には、その場所に身体的な刺激がないだけでなく、「ついテレビをじっと見たり、携帯電話を通したコミュニケーション時間を長くする」といった、閉じられて心も動かない「凡庸空間」でもある可能性が想定される。ではどのように心身に不活発が浸潤しない空間をデザインすればいいのだろう。

身体活動の影響を論じるジャーナルに、「The Dynamic Family Home」と題された論文が投稿された。この論文では、TV視聴などに費やされる時間が多いほど子供の肥満や社会的認知力の低下が進んでいるとして、親子が別々にTVやゲームに没頭できる部屋があることの問題点などを指摘している*5。しかし、有効な解決法は示せていない。これはオーストラリアの数十の家族の調査をもとにした検討のため、少なくともある程度豊かな屋外スペースという逃げ場はある。

人口が過度に集中し、屋外の遊戯スペースも限

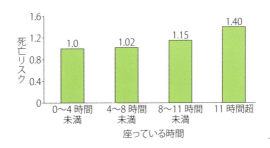

1 座っている時間が長いほど死亡リスクが高まる。オーストラリアに在住している45歳以上の男女22万2497人を対象に、1日の座っている時間と死亡リスクとの関連を調べた。平均2.8年間追跡調査し、その間に5405人の死亡が確認された。座っている時間0〜4時間未満（1125人）を対照に、4〜8時間未満（2489人）、8〜11時間未満（1142人）、11時間超（649人）で死亡リスクを比較すると、座っている時間が長くなるほど、死亡リスクが上昇することがわかった。（データ／Arch Intern Med.：172(6)：494-500,2012）

2 現代女性の基礎代謝は昔の人より低い。1987〜92年の女子大生247人の基礎代謝を1960年前後の文献のデータと比較すると、現代女性の測定値は30年前の女性を下回る結果になった。ただし比較条件は微妙に違う。（データ／女子栄養大学栄養科学研究所年報1：141−4,1993）

3
—
4

3, 4　三鷹天命反転住宅 In Memory of Helen Keller

られる日本の都心部でこそ、sedentaryになりにくく、心身に適度な運動性とストレスが加わる居住空間のデザインの在り方が本気で議論されなくてはならない。その意味で、例えば、荒川修作とマドリン・ギンズによる「三鷹天命反転住宅 In Memory of Helen Keller」[Figures 3、4]が掲げた「住むことで身体の潜在能力が引き出され、人間が死ななくなる住宅」という発想に学ぶことは多いように思われる。

生体リズムと共振する居住空間

ヒトの体内(脳の視交叉上核)にある主時計は、太陽の光でリセットされ、また日中の太陽光によって正常な運行を担保される。したがって、朝から日中にかけてはいかに太陽光に浴することができる環境を確保できるかが重要だ。

1日のうち早い時間にしっかり日光を浴びる人と1日の後半に光を浴びる人では、前者の方が太りにくいという報告がある。カロリー摂取量、活動量、睡眠習慣の影響などを除外しても、朝日をしっかり浴びることは効果的だという。研究チームは、午前中の日の光で体内時計(サーカディアンリズム=概日リズム)がチューニングされることでエネルギー代謝のバランスが整うからではないか、と考察している。しかも、体内時計のリセット作用が強いブルーライト(380〜500 nmの青色光)を多く含む朝の光は40〜50分浴びるだけでも十分BMI(体格指数)の抑制に影響があるだろう、というのだ[*6]。

また、太陽光を享受できる職場環境にいるビジネスマンのほうが健康度も睡眠の質もいいとする調査もある[*7]。昼間に強い光を浴びることによって鬱症状も減少する[*8]。

このように肥満・疾病からメンタルにまで影響する日光の影響が明らかになってきた。建物に挟まれた狭小地や日が当たらない方角を向いた住居でどのように午前中の日光を居住空間に取り込むべきかは、基本的な権利の保障という視点を踏まえて検討されなければならない。

逆に、多くのがんや生活習慣病の発症リスクを高め、寿命にまで影響を及ぼす可能性がある体内時計の乱れをもたらす原因として、このところ大きく問題視されているのがPC、スマートフォンのディスプレイだけでなく、職場から家庭内照明までに使用されるLED照明から強く放射される光である。この光源も強くブルーライトを発している。

時計の乱れは就寝時間の遅延化、短時間睡眠などでも起こるが、朝日に含まれるブルーライトとは逆に、深夜にブルーライトを浴びると良質な睡眠をもたらすホルモン、メラトニンの分泌を低下させて睡眠の質を低下させたり[Figure 5]、リセットするべきでない時間帯に体内時計をリセットし、狂わせるという性質を持つ[*9]。

メラトニン分泌が乱れると睡眠障害だけでなく自律神経や血糖値などの異常も起こる[*10]。睡眠不足が1週間続いただけでも活力が低下し、「元

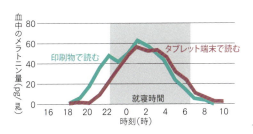

5　寝る前にタブレット端末を使うとメラトニンの分泌が抑制される。健康な男女20人(平均約25歳)が、就寝前4時間の間にタブレット端末で読書をする5日間と、同様に印刷物で読書をする場合について、血中のメラトニン量を比較。前者では夕方以降のメラトニン量が抑えられた。寝つくまでの時間も10分以上長くかかり、深い睡眠が得られるまでにかかる時間も長かった。(データ／ Proc.Natl.Acad.Sci.USA:112,4,1232-1237,2015)

気ホルモン」と言われるテストステロン値が1割以上低下し、10〜15歳分の老化に相当する状態になるとするデータもある*11。

そもそも「Light Pollution」という言葉は、地球を覆う街の光のことを指していた。しかし、LEDディスプレイを搭載したハンディーなIT機器に深夜まで向かう生活、LED照明が主流となった室内光源に囲まれた居住環境が一般化した今、この問題は室内にまで侵入し、健康を脅かしつつあるのである。

しかし、柔らかいイエローライト（130 lx、2000 K）のような光であれば、メラトニン分泌の減少は起こらず、健康に対する夜の屋内の光の影響も減じることができる[Figure 6]。効率と明るさを求めてLED照明の導入が進んでいるが、改めてその是非や利用法について生産者や販売者は考慮する義務があるのではないか。

なぜ陰影豊かな空間は心地がよく、文化の発酵と熟成にも影響を及ぼすのか（『陰影礼賛』谷崎潤一郎）[Figure 7]。改めてクリマデザインは、居住空間における採光のあり方と照明の役割を再構築する必要がある。

室内空気が健康におよぼす思いもよらぬ影響

世界の医療・健康関連論文が検索できるデータベース「Pubmed」で「indoor environment, health」と入力すると5782報がヒットするが（2015年12月末現在）、この中にはガス状汚染物質やPM2.5を含む微小粒子状物質などが健康に及ぼす影響、つまり空気汚染と健康に関する研究が目に付く。

2000年に東京大学生産技術研究所が算出したデータでは、1日に体内に取り込まれる物質重量のうち、飲食が占める割合はそれぞれを合わせても約15％程度（食事が7％、飲料が8％）、83％までを占めるのが空気で、日に20kgにもなる。内訳は室内空気57％、電車などを含む公共施設の空気12％、産業排気9％、外気が5％だという[160頁Figure 8]。

建材や家具などから揮発する化学物質が主な原因となるシックハウス症候群の症状が一般人の約

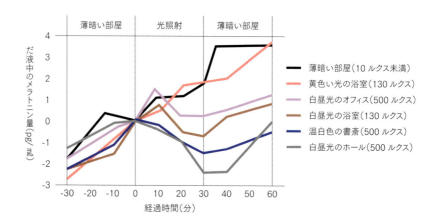

6　黄色い光ならメラトニン量が減りにくい。22〜33歳の健康な男女9人について、夜浴びる光の種類と、唾液中のメラトニン量の関係を調べた。午後7時から就寝時まで薄暗い部屋で過ごす場合に比べ、その間30分だけ明るい光（白昼光）を浴びた場合ではメラトニン量が減った。黄色い光ならメラトニン量は減りにくかった。（データ／ Int.J.Mol.Sci.:14,2,2573-2589,2013）

7　陰影豊かな伝統的日本家屋の和室

18%にみられるとする研究もある(東海大学がまとめた『シックハウス症候群の診断基準の検証に関する研究』)。

2003年に改正建築基準法で建材についてはホルムアルデヒドの使用が制限されたが、フタル酸エステルなど新規の環境ホルモン様物質が壁材や接着剤などから検出されているため、シックハウス症候群発生源は減っているとは言えない。

つまり、室内空気のデザインも、クリマデザインにとって非常に重要なテーマであると言える。

室内空気は、煙草や固形燃料といったものの燃焼や調理、建材・家具に使用される材料・接着剤などの影響を受ける。特に、煙草が健康に及ぼす影響は大きく、最近発表された、35歳以上の日本人女性約1万6000人を15年以上追跡した研究結果によれば、夫が喫煙者で自分が非喫煙者の妻が乳がんにかかるリスクは、夫婦が共に非喫煙者の場合の1.98倍だった。

また世界では、室内のPM2.5濃度は喘息、冠状動脈性心臓病、肺がんによる死亡率を高めるといった報告[12]、固形燃料の室内使用によって肌老化が進むという美容面に対する悪影響を指摘した研究もある[13]。

小さな子供の将来の健康にまで、汚れた室内空気は深刻な害を及ぼすかもしれない。室内での揮発性有機化合物(VOCs)への暴露が生後3年目の子供のアトピー性皮膚炎発症率を高めていた[14]、喫煙や肉を直火で焼いたりしたときに出てくるベンゾピレンなどの有機化合物(PAHs)を妊娠中の女性が大量に吸うと、生まれてくる子供の脳の発達に影響が出て発達遅延、行動障害などを引き起こす怖れがあるといった研究[15]も次々に発表されている。

これからの室内環境デザインには、なんらかの形でこれらの物質を感知し自動換気を行うシステムのビルトイン化が望まれる。なぜなら人は見えない空気の汚染に対する感度が低く、また汚染が続く環境に慣れやすい生き物だからだ。

ウエルネスを考慮した温度と湿度の維持

美容の分野で乾燥は紫外線と並ぶ大敵である。空気の乾燥度合いが高い冬だと、入浴後3〜5分で肌に保湿剤を塗るといったケアをしないと、急激に肌のバリア機能は低下する。また、1年中エ

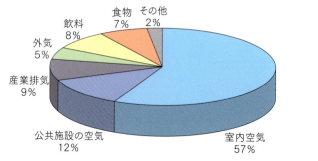

8　ヒトは1日20kg前後にも及ぶ空気を摂取している。
　　(データ／村上周三「住まいと人体——工学的視点から」、『臨床環境医学9』:49-62,2000)

アコンディショナーでコントロールされたオフィスや公共空間で恒常化している乾燥状態は多くの人を悩ませている。

　肌だけでなく、2011年から12年にかけて欧州8カ国でオフィスワーカーの健康と快適を調べたOFFICAIR調査では、回答者の3分の1が慢性的なドライアイと頭痛に悩まされていた＊16。

　反対に湿度の高い状態が続くと、カビ類の繁殖を招き、喘息やアトピーの発症率を高めることも数多くの研究が指摘している＊17。「適度な湿気」が維持される空間設計が望まれる。

　また室内温は状況によっては生死にまで影響する。特に問題なのが、夏の熱中症と冬のヒートショックだろう。

　前者も後者も高齢者に患者が多い。2013年の熱中症による患者58729人のうち65歳以上は27828人で、全体の47％を占める。しかも、その45.8％は家庭内で起きた熱中症だ（環境省『熱中症環境保健マニュアル2014』より）。

　ヒートショックは熱中症以上に急死につながるリスクも高い。2011年には約17000人が入浴中のヒートショックによって急死したとみられている。同年の交通事故による死亡者数は約4600人であることを考えると、本来最も安全な場所であるはずの家庭が、道路以上に危険な場所に変ずる怖れもあるのだ。最もリスクが高まるのは冬だ。12月から1月の間に入浴中に心肺機能停止となる人は、最小の8月の約11倍にも達する（東京都健康長寿医療センターによる）。特に高齢者は温度変化に対する感度が鈍るため、居住空間のデザインにおいて対応が望まれる。

　今回は四つのキーワードから、健康とクリマデザインについて考察したが、これ以外にも居住空間と健康に関する課題は無限にある。色、香、音、触感などヒトの心身に影響を与える要素についてクリマデザインは回答を用意しなければならないだろう。しかも、すべての要素は新しい技術や製品の登場により日々変容を遂げている。不断の試行錯誤が欠かせない。

＊1 —— Eur Heart J.2011 Mar: 32(5):590-597

＊2 —— JNCI J Natl Cancer Inst .2014;106 (7):dju098

＊3 —— Am J Med.2014 Mar 24;303(12):1173-1179

＊4 —— JAMA.2012 Feb 15: 307(7):704-712、PLoS ONE 8(11): e79143

＊5 —— Int J Behav Nutr Phys Act. 2014: 11: 157

＊6 —— PLoS ONE; 9(4),e92251,2014

＊7 —— J Clin Sleep Med 2014;10(6):603-611.

＊8 —— JAMA.2008 Jun 11;299(22):2642-2655

＊9 —— Appl Ergon.2013 Mar;44(2):237-240,PLoS One.2011 Jan 26:e16429

＊10 —— Mol Cell Endocrinol.2012 Feb 5;349(1):91-104

＊11 —— JAMA.2011 Jun 1;305(21):2173-2174

＊12 —— Cancer Science. DOI: 10.1111/cas.12619

＊13 —— J Dermatol Sci. 2015 May 21. pii: S0923-1811(15) 00149-8.

＊14 —— Pediatr[1] Allergy Immunol. 2015 Jun;26(4):352-8.

＊15 ——JAMA Psychiatry. doi: 10.1001/jamapsychiatry. 2015.57.

＊16 —— Indoor Air. 2015 Feb 25. doi: 10.1111/ina.12196.

＊17 —— Pediatrics. 2015 Mar;135(3):e598-606.

INTERVIEW

車いす建築士からみた温熱環境
環境弱者のためのユニバーサルデザイン

阿部一雄　ABE Kazuo
聞き手　小泉雅生

空調機によって一定の温熱環境に維持された病室のような空間が、
はたして本来の生物としての人が求める快適な空間と言えるのだろうか。
オートバイレースの事故で下半身麻痺になった建築士・阿部一雄氏に
体のセンサーと空間デザインについて話を聞いた。

心のバリアフリー

小泉　最初に阿部さんの現在のお仕事とこれまで
の経緯からお話を伺いたいと思います。

阿部　私は親が代々建設会社を経営してきたの
で、子どもの頃から親の会社を継ぐものだと思っ
ていました。オートバイが大好きで、オートバイ
レースをやっていたんです。2002年、37歳のと
きに岡山に遠征して、そこでレース中に事故を起
こして脊髄を損傷してしまいました。

　気を失ってサーキットの医務室に運ばれたとき
に不思議な体験をしたんです。自分の姿を上から
自分が見ている。看護師さんが私のほうを見て、
「この人、目が覚めないんだよねぇ」と言っている
のが聞こえる。暗〜い中でトンネルが見えるんで
す。そこから戻ってきたら、パッと明るくなって、
看護師さんが「生きてます、生きてます」と言っ
たときには、下半身が全然感覚なくて、足がない
のかと思ったら、何とかありました。そこですぐ

に「やったな」と覚悟した。病室で親父と、こう
いう障害を負った人間が建築をつくるのもいいの
ではないかと話をした。3カ月半で退院して、そ
れから今日までほぼ休みなしに仕事をしていると
いう状態です。

小泉　自分の事故の経験を活かして親の建築の仕
事を継ごうと決心されたわけですね。

阿部　私が入院しているときに、たまたま施主の
いとこの方が同じ病院に入院していて、車いす生
活になりました。彼の家をバリアフリーに改修し
てほしいという依頼が来て、私は病室で設計しま
した。そのときに、「心のバリアフリー」というこ
とがまず大事だと思いました。障害を負ったこと
に対して、実は本人よりも家族のほうがとても痛
手を負うことが多い。これからどうやって生活し
ていこうか、どういう生活が始まるんだと。そう
いう家族の不安の中で、半年、1年もの間、患者
さんは病院に入院している。ですから私がそうい

1　阿部一雄氏

う障害を負った人の家を改修するときには、本人に会う前に必ず家族と先に会ってじっくり話をし、家を見せてもらい、それから本人に会うようにしています。家族の「心のバリア」をまずとってあげないと、その先に進めません。

下半身の感覚を奪われるということ

小泉　阿部さんが車いすの生活になって、はじめてわかったことはどんなことですか？

阿部　私の場合、脊椎損傷して下半身に障害を負っている。車いすに乗っていれば、誰でもこの人は歩けないんだなということはわかりますが、ただ歩けないということだけが障害ではない。

　たとえば下半身の自律神経が麻痺していますからポコッとお腹が出てしまう。健常者はお腹に無意識に力が入っているからお腹が出ませんが。

　あるいは寝ると、背筋が効かないから体を起こせない。車いすに背もたれがあるから後ろに倒れませんが、これがないと後ろにパターンと倒れてしまう。それと、頸椎が麻痺していると、みぞおちの辺りから下はまったく温度を感じません。だから冬にうっかりして寒いところにずっといると、体がものすごくまいってしまいます。

小泉　そうか、寒さを感じないけれども、体はずっとダメージを受けているわけですものね。

阿部　ええ、熱は奪われている。お客さんのところで打ち合わせをしていて足元の床面の温度が低かったりすると、体が芯から冷えてしまって、車に戻ってからガタガタ震えている。帰宅してからお風呂にずっと浸かっているとか、そういうことがあります。

小泉　今も下半身の感覚はないのですか？

阿部　ありません。ただ正座した後に痺れますね、あの感覚が四六時中ある。それと、びっくりされるかもしれませんが、下半身は汗をかかない。激しい運動をすると健常者の方は全身で汗をかきますが、私は下半身で汗をかけないので、上半身の汗腺でかききれないときには、オーバーヒートしてしまうんです。汗腺の数は決まっているものですから、体中に熱が溜まってぶっ倒れてしまう。車いすの人に汗かきが多いのは、実は上半身だけで汗をかいているからなんです。夏場のイベント会場で、車いすの人だけ並ばずに横から入らせてもらっているのは、そういう理由からなんです。

　それと尿意や便意もないんです。だから時間で管理するんですが、障害者にとって外出するときの便の管理がいちばん大変なんです。

小泉　車いすでテニスやバスケットなどをやっている人がいますが、ああいうスポーツ選手は大丈夫なんですか？

阿部　健常者は車いすを利用する人と一括りに見てしまいがちですが、人によって障害はさまざまです。車いすでスポーツをやっている人は、歩けないけれど立てる人が多いんです。下半身の感覚もあるんですね。

体のセンサーと空間デザイン

小泉　車いすの生活になって、室内環境に対して以前よりも意識的になられましたか？

阿部　寒い暑いをとても感じますので、窓の開け閉めはできるだけするようになりました。私はエアコンの風が好きでない。ただ重いドアを両手で横に押して開ける動作ができない。倒れてしまう

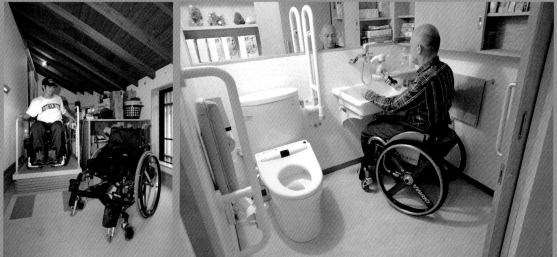

2〜4　障害者が介助を受けずに使えるエントランスやユーティティ。阿部氏の設計する住宅にはそこに暮らす家族全員の「心のバリアフリー」の観点からの工夫が随所に見られる。

んです。建築的にもう少しうまい工夫ができない
かと考えています。

小泉 自然の風を感じるということはとても自然
な欲求だと思いますが、それが体が動きにくいと
いうなかで、より敏感になる？

阿部 以前より敏感になったと思いますね。車い
すに乗っているだけで、そうした欲求は健常者と
変わりません。風を入れたいと思ったり、ちょっ
と寒くなったから閉めたいとか、みんな同じで
す。一定の温度にしたいわけではなくて、風を感
じたいのだけれど、その動作をすることにすごく
バリアがあるわけです。

小泉 体が不自由な人がいると、周囲の人たちは
その人が不快に思わないように、ある一定の温度
環境を提供して、その人が何もしなくていいよう
にしてあげようという、何か病院的な発想になり
ますね。僕ら設計のプロもそういう発想がほとん
どだと思います。でも、そうではないということ
ですね。

阿部 ええ、そうではないと思います。今、設計
している住宅は、住まい手がこの夏の間、病院に
ずっといた方なんです。私は早く退院したほうが
環境になれるし、よほどリハビリになると彼女に
話した。9月に退院されて自宅に戻ったら暑くて
大変なんです。

小泉 たとえば保育園や幼稚園などを設計する場
合でも、室内の温度が一つしかないと思えるよう
な温熱環境になぜしてしまうのだろうか。もっと
内と外との中間の領域を考えて、その間の変化と
いうものを受け入れられるような環境デザインを
すべきではないか。どこも均一な環境であること
が良い環境であるように思われているけれどもそ

うではないのではないかと思います。今は空調機
で環境工学的にこれが正しいという数値目標を達
成すればそれでOKということになっているわけ
ですが、生物としての人間が求めている本来の快
適性はそこにはない。

　大学で学生に教えていて信じられないのは、梅
雨時とか蒸し暑かったりする時でも彼らは窓を開
けないで、すぐエアコンを入れてしまう。それは
違うだろうと、彼らに言っているんです。

阿部 そういう意味では、今の若い人のほうが環
境に対するセンサーが鈍くなっているのかもしれ
ませんね。温熱に関して求めるところは障害者で
も高齢者でも、感じるとか感じないとか肉体的な
ハンディはあるにせよ基本的には一緒だと思うん
です。それをどう制御するかというところの、開
けたり閉めたりという動作についてどうしてもバ
リアがありますので、そこをどのようにクリアす
るかということがポイントだと思いますね。

小泉 阿部さんの話を聞いていて、体にハンディ
があることよりも環境に対するセンサーが鈍く
なっているほうが、傷は深いと思いました。ちゃ
んと感じられれば、それを建築的にサポートする
ことは可能ですが、それを感じ取れなくなってし
まったらもう救えない。そういう意味では、生物
としての温熱センサーを鈍らせない空間デザイン
が、これからの建築にとても大切だと改めて思い
ます。

環境文化を創造する
企業理念としてのクリマデザイン

1

2

INTERVIEW

三つのピーエスの活動空間にみる クリマデザイン

札幌工場・IDIC・オランジュリ

平山武久　HIRAYAMA Takehisa
聞き手　小泉雅生＋真鍋 弘

1960年代から加湿器や温水暖房用ラジエーターの開発・製造を通して、
放射による室内気候の快適さを探求してきたパイオニア企業にピーエスグループがある。
ピーエスにとってクリマデザインとはどのようなものか。平山武久社長に
札幌工場、IDIC、オランジュリという三つのピーエスの建築の成り立ちを通して聞いた。

大きな決断

―― ピーエスは1972年に放射型暖房用ヒーターの生産を札幌近郊の北広島で始めますが、その経緯からお聞かせください。

平山　1960年の創業当時、私どもピーエスが何をつくっていたかというと、一つは空調ダクトに入れるヒーターをつくっていました。換気で新鮮な空気をそのまま入れると、寒冷地では室温が下がってしまいますので、ダクトの中にヒーターを入れる。そのヒーターをつくっていた。もう一つは加湿器です。この時代は自動販売機みたいな大きいパッケージ型の空調機で、思いっきり温風を吹き出していましたから室内の空気がパリパリに乾燥してしまう。そこで空調機の中に組み込む加湿器を開発しました。

当時の工場は都内にあって、世の中は高度成長期の始まりで、とにかくつくってもつくっても注文に追いつかない時代。クーラーメーカーに納める加湿器やヒーターを主体に生産していました。

1968年、創業者の平山敏雄社長にとって初めての海外旅行が突然やってきます。まだ1ドル360円の時代。空調業界の人たちと行ったアメリカの冷凍空調機器展でした。その展示会で、スイスのDefensorという会社に出会います。Defensor社は繊維や印刷の市場向けの加湿器を展示していた。空調機の中に入れるのではなく、直接室内に噴霧する加湿器を見た会長の決断は早くて、その場で団体旅行を切り上げて、そのままスイスへ飛んでいった。Defensor社に押しかけていって、社長と話をしたいと、けっこう強引にかけあったらしい。Defensor社側では日本語ができる人を大使館を通して雇って、「このオヤジ、何を言ってるだ？」と（笑）。

最初は情報だけ持ち去られて、コピーされるのではないかと当然疑われた。それが当時の日本に対する先進国が持っていたイメージでした。それ

1　1972年に建設されたPS札幌工場。いまでもその外観は異彩を放つ。敷地の9割は緑地。社員によって植樹されたヤマナラシが現在では大きく育ち、敷地を囲んでいる。
2　PS札幌工場のオフィス棟

で、日本に戻るとすぐに、Defensor社の日本語の
カタログをつくって、スイス側に送ったんです。
そしてもう一度スイスに行く。

スイスに行くと、建築や住宅でラジエーターが
普通に使われている。それを見て、これも空調機
の一部ではないという位置付けから日本でやりた
いと思うわけです。まだ日本国内では誰もほしい
と言っていないのに、東京の工場でコツコツとつ
くり出す。市場からつくっていかなければいけな
いという状況、それが70年頃でした。そして札幌
の北広島（当時、広島町）に工場用地を用意して
しまうわけです。

シンプル・アンド・ハイクォリティ

―― なぜ札幌だったのでしょうか？

平山 今振り返れば、北海道がいちばんの暖房
のマーケットであると言えますが、その頃は北海
道もラジエーターではなくストーブで暖房してい
たわけで、最初から「ここだ」と決めていたわけ
ではなくて、いろいろ場所を探したようです。工
場長は弱冠24歳。従業員はほとんどが彼よりも
さらに若かった。彼らはKハウスに住むわけで
す。あの頃は「北広アパート」と呼んでいました。

―― まだいろいろな社会基盤が整っていない中
で、社員の独身寮を用意したということはわかり
ますが、寮といえば木賃アパートが一般的だった
時代に、RC造で設計を篠原一男（担当は長谷川逸
子）に依頼している。社員寮をつくるにあたって
の考え方というか、建築に求める質の違いに驚き
ます。

平山 篠原先生に設計を依頼する前に、会長は
ヨーロッパの学生寮を視察しています。コペン

ハーゲンのある大学の学生寮を訪れたとき、バス
ルームをシェアしていた。部屋が両サイドにあっ
て、真ん中にバスルームがあった。そのスタイル
が会長の頭の中にこびりついて、それを篠原先生
に話した。ですからKハウスの構成は会長が考え
たスタイルです。

いい人材と出会う一つの方法としては、会社の
考え方というものを具体的にわかるような環境を
用意しないといけない。そう考えて、仕事がまだ
少なくても、社員が少なくても、将来の可能性を
見据えて、新たな工場があと二つぐらいつくれる
敷地を最初に用意しました。

―― 最短距離、あるいは最も安く仕上げるとい
うところに主眼があるわけではない。ピーエスは
当時からずっとそういう考えを徹底しているわけ
ですね。

平山 「いいものを必要な分だけ」という考え方
はピーエスのオーダーメイドのベースです。たと
えば生産も注文の分しかつくらない。社員の食事
も人数分だけ丁寧につくって、みんなで食べる。
必要なものは一番いいものを使う。必要のないも
のは買わないし、つくらない。

―― 現在の北広島の工場はうっそうとした森に
囲まれていますが、これは社員が植樹してできた
環境だと聞いています。

平山 そうです。1975年頃、工場ができてまも
なくの頃です。

―― 当時の日本の企業は仕事を図太く大胆に
やっていくと、外に攻撃的に向かっていきました
けれど、ピーエスは逆に従業員が住むためのKハ
ウスを高い規格でつくり、工場敷地の中でちゃん
と食事をつくる。あるいは植樹をすることもそう

3　Kハウス。1973年に当初、工場に働く人の独身寮として建てら
　　れた。その後、数度のリノベーションをしながら滞在型のゲスト
　　ハウスとして、北国の室内気候の体験施設となってきた。
4　Kハウスの共用スペース
5　Kハウス。共用スペースと個室はゆるやかにつながる。

ですが、社内のアメニティを高めることに当初からこだわっていますね。

平山 それは会長がヨーロッパ、特にスイスに行って非常に印象強かったのが、ハイクォリティということだったからだと思います。大量生産している大手のメーカーは、ハイクォリティではなくて、まずマスから始める。そのマスの部分を中心にマーケティングをするし、製品の企画もする。それに対してピーエスは、とにかくすべてにおいて質を大事にするということにこだわった。「シンプルにハイクォリティ」という部分は、ピーエスが非常に大事にしている考え方です。

―― それはある意味で、ピーエスのラジエーターのメカニズムとも似ていますね。メカニズムは非常にシンプルで、それで快適。それはもともと会長がそういう思想を持っていたからラジエーターにパッと反応したのか、あるいはラジエーターをいろいろ考えていくうちにシンプルでクォリティの高いものというふうになっていったのか、どちらなんでしょうか。

平山 やはりスイスとの出会いが大きいと思います。日本から出ていって、向こうの生活にドップリ入り込む。その中で、彼らがどういうふうに取引相手をもてなすか、どういうふうな打ち合わせの仕方をするか、どういうふうに時間を使うかということに対して、日本とずいぶん違うことを経験するわけです。

会長は最初アメリカに行って、それからスイスに行くわけですが、会長の答はアメリカではなかった。アメリカとスイスは全く対照的だった。エネルギーもお金も豊富にあって浪費的なアメリカと、資源もないし、もとは貧しい国だったスイ

ス。そのスイスが時計や精密機械、薬、一番クォリティの高いものだけをつくって、それで世界に通用する経済をつくっている。ピーエスにとってそのことがとても大事なことなんだと思っていると、会長から話を聞いたことがあります。

―― プロダクトだけではなくて、それを含めてもうちょっとホリスティックな、全体としてのクォリティという中に、工場の食事であったり、植樹をするスペースの提供であったり、そういうことまでが連動していったということなんですね。だからそれが企業コンセプトとしての「快適さを売る」ということにつながっている。

「快適さ」の深化

平山 私が入社するのは80年代に入ってからですが、当時、会長は「空気の流れ」ということをいつも言っていました。それと「使い方」についてうるさくこだわっていました。日本にはまだ連続運転という発想がなかった。ホテルや病院のように24時間使っているところは当然運転していますが、体育館のようにふだん昼間しか使っていないところは間欠運転で、常時運転しているのはもったいないと。今でもそういう考えは根強いですね。

当時、私たちが蓄熱と連続運転という考え方を誰と考えていたかというと、北海道大学の荒谷登*1先生です。その頃、荒谷先生が、点けたり消したりして局所的にその場しのぎの暖を採る「採暖」に対して、「暖房」という概念を断熱や蓄熱との関連で熱環境計画の上で定義づけました。

―― 暖房に対するそうした考え方からピーエスのラジエーターも最初は窓下に置くことで寒さを

*1 ―― 75頁の*4参照

6 PS札幌工場内の食堂。PSの縦型パネルが通路との間仕切りにもなっている。

7 工場とオフィス棟をつなぐエリアは「PSマダガスカル」と呼ばれている。亜熱帯の植物が植えられ、長い北国での快適な室内気候を追求するスペースであり、社員の憩いの場でもある。

8 PSの縦型パネル。

6

7

8

なくすという段階からだんだん深化していくわけですね。暖房に対する考え方が深くなっていく。

平山 その深くなっていく過程で、実はKハウスが実験棟として使われてきました。Kハウスの廊下には窓がたくさんあるのですが、窓ごとにラジエーターが付いているわけでなくて、長〜く付いています。その理由は窓から下りてくる冷気を抑えるだけではなく、壁の部分に蓄熱させるためです。それと配管が端と端だけで済むから水漏れのリスクも減り、配管コストも安く済む。ピーエスのオーダーメイドのメリットが、ここに活かせるわけです。

その一方で、温水温度もどんどん低くなっていきました。70年代のヒーターは、触ったら「アチッ！」でしたが、今は体温以下で、暖房していることを忘れるほど低い温度です。これには建築の熱的性能の進歩も大きく関係しています。70年代初頭の建築に必要な熱量は、おそらく現在の3倍から5倍だったと思います。昔の設備屋さんは「坪千」と言っていました。1坪に1000kcal必要だという意味です。これが当時の常識だった。1坪は約3㎡ですから1㎡で約300kcalになります。現在の住宅は㎡当たり50kcalくらいになっています。

ただ最近はその数字以上に、実際にどこにどう配置していくかによって放射の効果や空気の流れが変わるわけで、その視点で考えることが大事だと感じています。なぜかというと水の温度は簡単に変えられるからです。建築的なデザインと、放射のバランス、空気の流れを中心に、できるだけ大きな放射面積を取って低温で連続運転していけば、あとは何とかなる。その逆方向に行くとリスクは高まる。例えばヒーターを見せたくないから小さくするとかすると、高い温水温度しか使えません。

9　盛岡近郊の八幡平の森に建つIDIC

縦型ルーバーの発見

―― 90年代になり、主に窓下だけに置かれていたラジエーターが段々建築空間の中に自由自在に配置されるようになってくると、ラジエーターの形態も縦長のものが開発されるようになりますね。

平山 ええ。窓の性能がどんどん上がってコールドドラフトが起こりにくくなってくると、地域によってはラジエーターが窓下から解放されるという状況が起こってきました。それと、もう一つの背景として、冷房の必要性がだんだん北上してきたことがあげられます。昔は冷房しなかった地域でも冷房が必要になってきた。

それで試しに冷水を横型のラジエーターに通したんです。そしたらベッチョベッチョに結露して、足元だけが冷えてしまう。これはだめだと、いったんは開発をあきらめるのですが、そこに縦型という発想が出てくる。縦型にすれば、夏は上から冷気が下りて、冬は温気が下から上がっていく。これだ！と。けれど最初に私たちが結露させてやりましょうと提案したときには、社内でもこんなに濡れるものが売れるわけないだろうと、多くの人が思っていました。

―― 冷水をラジエーターに流すという発想は、ヨーロッパにはないのですか？

平山 ないです。ただ天井放射冷房はヨーロッパからです。元はスウェーデンだと思います。断熱性能が高い建築の中で、オフィス機器の発熱が多いと、北欧でも夏季に冷房が必要になります。湿度は低いし、冷房負荷そのものも大きくないので、うまく行くんです。向こうは16℃の冷水を流してもまったく結露しませんから。東京だったら20℃でも結露してしまいます。

―― 壁の放熱面積をある程度大きくして、そこからジワッと放射でいくという考え方と、縦型ルーバーで冷房するという考え方、どっちが先

10　ヤマナラシの緑が映り込む IDIC 南面のカーテンウォール

11 IDIC2階セミナースペース
12 IDIC1階吹抜け。開口部にはPS HR（放射暖房）とプラントベッドが並ぶ。
13 2階の吹抜け側の手摺にはPS HR-C（放射冷暖房）が仕込まれている。背後の黒い壁はPS [＋C]（涼房・除湿コイル）

だったんですか？

平山　大きな面積で温めるという放射バランスの考え方のほうが先です。ピーエスはオーダーメイドですから、いろいろな建築のニーズの中で冷房という意識がなくても、あるいは放射面という意識がなくても、建築デザインとの関連から縦型にすることが、それまでにもありました。それがだんだん冷房の話や放射面積の話と結びついていったわけです。

──　冷房と暖房を空気でやる場合のことを考えると、その供給される位置は夏と冬で引っくり返りますね。たとえばエアコンでいうと、基本的には夏用のエアコンが上にあり、冬のエアコンが下にあるほうがいいわけです。設計者はそこでみんな苦労する。そういう点からいうと、ラジエーターを縦型で解決するというのは、ちょっとコペルニクス的な発想で面白い。ピーエスの技術開発、概念構築の中で、縦型パネルの発見はけっこう大きな出来事だったのではないかと思います。縦型で室内環境をつくっていくという趣向になったところから、空間を仕切るという考え方も出てくる。たとえば塚本由晴さんのハウス＆アトリエ・ワンなどはその好例ですね。

IDICと低温水暖房の探求

──　ピーエスは90年代になると、いよいよPS HR-C（除湿型放射冷暖房システム）の販売を開始しますね。そのための拠点として、盛岡近郊の八幡平の森にIDICを建設する。

平山　IDICを建設したのは、本州に工場をつくって生産を始めたら北海道の世界と本州の世界はずいぶんつくるものが変わってくるのではないか

と考えたことが一つの理由です。北海道でも冷房のニーズはありますが、やはり圧倒的に暖房のニーズが強いですから。もう一つの理由は、加湿器の生産を東京から八幡平に移した。IDICでPS HR-Cという新しい放射冷房の考え方と加湿器のありかたを試そうと考えたわけです。

ですからIDICはPS HR-Cのたんなる工場ではなくて、室内気候を生態学的に探求する実験棟でもあるわけなんです。最初の10年間はずっと村上周三先生や東北大の吉野博先生にお願いして温熱環境の測定を続けました。

──　IDICは広大な八幡平の森の中にあります。ここを拠点にしようとした理由は？

平山　盛岡に販売拠点の事務所があったんです。それで工業団地として売り出しているという情報が入った。最初に見に来たときには７万坪の森。中へ入ったらカモシカがいた。正直なところこんなところに工場をつくるのかなあと思いました。でも、会長はずっと森の中の工場というイメージを最初から持っていたんです。北広島の場合は森がなかったから木を植えましたけれど、岩手には森があったから、森を全部買って、その中の一部だけを切り開いて使う。それは北欧の森の中の工場を見て、そのイメージが忘れられなかったからでしょう。

──　IDICの設計は彦根アンドレアさん[2]。彼女の処女作ですね。

平山　アンドレアさんは当時27歳、シュトゥットガルト大学を卒業したばかりでした。会長が思い描いているイメージははっきりしているわけですけれど建築の専門家ではないから具体的な建築には描けない。その価値観を柔軟に汲み取っても

[2]── Andrea Held Hikone。建築家。シュトゥットガルト工科大学で建築を学んだ後、来日。1990年、彦根明と彦根建築設計事務所を設立。著書にIDICをまとめた『ナチュラル・サステイナブル──生きる建築のすがた』（鹿島出版会）がある。

らえるのは、建築の世界に踏み出したばかりの若い建築家だと考えたのだと思います。

実は海外の建築家に設計を依頼したのはIDICが最初ではありません。北広島の工場をつくるときも、ラジエーターの工場の経験が日本にはないということで、スウェーデンの設計事務所に基本計画を頼みました。実施設計と監理は篠原一男先生に頼みました。IDICの設計も完全にアンドレアさんに任せていたわけではなくて、何度も構想段階でデザインを練り直しながら進めていきました。

―― 最初のアンドレアさんの案では木立をイメージしたS造で計画されていたのが、RC造になって格子状のカーテンウォールが外側に付くようになります。だんだんクリマデザインが意識されていくようなプロセスですね。

平山 中に蓄熱体となるRC造を持ってきて、外側を断熱する。その意味というのは、やはり熱的な理由が大きい。小さい熱源で連続運転するのにとても適した構造です。逆に間欠運転だといい環境をつくれない。アンドレアさんもPS HR-Cのためにこういうデザインにしたわけです。

―― 基本設計の段階でピーエス側からアンドレアさんに要望したことは何ですか?

平山 吹抜けです。吹抜けの開放感。70年代につくられた北広島の工場は窓が小さく、断熱をしっかりやって、中と外を完全に分けるという考え方でしたが、IDICはもっと開放的に、森の中にいることが室内からも感じられる空間にしたかった。工場ではあるけれど、一方で常に新たなものを開発していく空間にしたいと考えました。

ただIDICもでき上がった段階で完璧な室内環境ができていたわけではないのです。たとえば吹抜け空間の2階の手摺にPS HR-Cを仕込んでいますが、これは1階にとっては快適なのですが、冷気が全部下に下りてしまうので、2階は暑いままなんです。それで後から2階の奥の壁にPS[+C]を追加しています。そこは熱源を通さないで、夏だけのために地下水を直接通しています。

1階の厨房は最初、完璧な家具が調ったデザインを考えていましたが、途中でフードとクッキングレンジだけになりました。厨房の横の食品庫はPS HR-Cで冷やしています。冷やすと廃熱が出る。その熱をPS HRヒータで更衣室やタオル掛けの乾燥に利用しています。IDICはそういう工夫を今も試行錯誤しています。ですから建物が常に実験棟であり続けているわけです。

―― 熱源を小さくし、その代わり放射面積を大きくとるという考え方もIDICで実際に検証されてきましたね。

平山 熱源の大きさは設備設計者が熱負荷計算をして必要な熱量を定めて、それに見合う熱源を決めます。ところがIDICでは、会長が熱源を小さくしたいと言い出して、設計者が決めた熱量の3分の1の熱源しか入れなかったんです(笑)。で、それを今もずーっと使ってきています。熱源を小さくするためには、放熱面積を大きくしないといけない。低い温度で同じ熱量を得るためには大きな放熱面積にすればいいんです。

なぜそのような考え方を持てたかというと、ピーエスは80年代に、ドイツのハインツ・バッハ*3先生を日本に毎年のようにご招待し、暖房技術の勉強会をやりました。そのとき先生は「低温水暖房」ということを提唱して、熱源を小さく温

*3 ―― Heinz Bach(1933 〜)。ドイツの暖房・空調・換気工学の大家。低温放射暖房の提唱者として知られ、20数回来日。著書に "Niedertemperaturheizung"、和訳は『進歩的な暖房技術・中温暖房 設計者・施工者・管理者のためのハンドブック』(PS(株)、1991年)

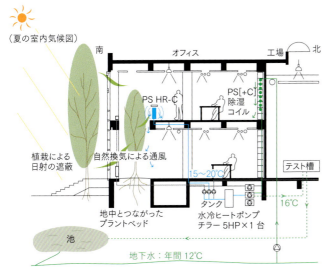

地下水を直接流すことができる銅製の除湿コイルPS[＋C]と水冷ヒートポンプチラーを介して15〜20℃の冷水を循環させるPS HR-Cの台数制御運転。

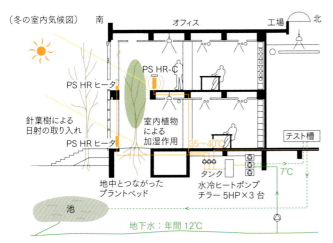

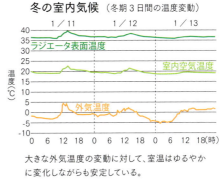

大きな外気温度の変動に対して、室温はゆるやかに変化しながらも安定している。

14 IDICの夏・冬の室内気候デザイン

水温度を低くして放熱面積を大きくしないと、省エネルギーは達成できないと主張していたのです。それを私たちは忠実に受け入れて、それに向かってやってきたわけです。ドイツでもやはり70年代より前は高温暖房だった。さらにそれより以前は蒸気を使っていた。ですから、そういう意味で、実験棟としてのIDICも暖冷房技術の進化のプロセスのなかにあると言えます。

オランジュリとクリマデザイン

── ピーエスの室内気候の実験棟という意味では、熊本のオランジュリもそうですね。オランジュリは大正時代の銀行をリノベーションしていますが、この建物と出会った経緯はどんなことだったんですか？

平山 この建物は第一銀行熊本支店として1919年（大正８）に建てられた歴史的建造物ですが、「熊本まちなみトラスト」という団体が記憶の継承ということで保存運動していた。その中に熊本大学の建築学科の先生がおられて、この建物を買ってくれる人を見つけないと壊されてしまう、誰か買い手はいないだろうかという話が、人を介してピーエスに持ち込まれたのがきっかけです。

会長の一つの夢というか、長い目で会社を存続していくときの器をつくっていく、そういう考え方で私たちがやってきたことを知っていたから声をかけてくれたのかもしれません。

ピーエスは暖房から始めていますから北にはマーケットが強いんです。南は産業用の加湿器の営業所はありましたけれどもラジエーターについてはほとんど手をつけていなかった。ところが90年代に冷水を通して冷房をやろうということ

を始めた頃からマーケットはどんどん全国展開して、南も対象になってきた。そういう背景があって、97年の秋に会長が室内も見ないで買うと決めてしまう（笑）。当時、この建物はすでに使われていなくて、内部はカビだらけでした。

── 基本計画と室内気候はピーエスがプロジュースして、リノベーションの実施設計はデンマークのトーベン・ヴィンネスに依頼してますね。

平山 彼とは1980年代に北海道で一緒に仕事したことがある仲です。彼らにとってリノベーションは当たり前で、こういう建物を彼らは「古い建物」とは考えない。20世紀の建物ですからね。彼のコンセプトは、古いものは古いままにして、新しくやったものは新しくやったという時代の変化がわかるようなデザインです。要するに、古いものをただ同じように修復して直そうとすると、どこかうそっぽくなってしまう。そうではなくて、古いままで残しながら、今の時代のニーズに合った新しいデザインを足していくという方法です。

ピーエスにとってもアジアモンスーン地域での室内気候という今日的な課題をリノベーションにおいても実現できることを絶対に示したかったし、それがPS HR-Cの一つのショーケースになるだろうと考えたわけです。

── 歴史的建造物の保存というと、通常はかなり窮屈な残し方をして、あとは博物館的な用途にしかならないというのがほとんどですけれど、オランジュリでは煉瓦造の外皮はそのまま残して、スチールの櫓を室内に挿入しています。かなり大胆というか、柔軟な発想ですね。

平山 これも最初のアイデアは会長です。古い、

それこそ何百年も前の建築物の中にきれいに鉄骨が組んである写真を本から探してきたんです。

近年、スイスのチューリッヒでも1920年代、30年代にできた古い工場がだんだん廃墟になって、10年ぐらい前まではそこが一番犯罪が多かった地域だったのが、大学がそこに校舎を移してリノベーションをやり、古い工場の中に劇場をつくったり、レストランをつくったり、住居も移してというプロセスが起きています。今はものすごく若い人が集まる地域に変わってきているんですね。

それは単なる建築的なリノベーションという意味を超えて、仕事のスタイル、生活のスタイルをも変えていく力を持っています。

―― オランジュリもそういう視点でとらえているわけですね。

平山　ええ、ですからこのオランジュリがこれから活かされるためには、やはりクリマデザインという概念を拡げて、ピーエスがそこにどのようにアプローチしていくかが問われているのだと思います。ただラジエーターをつくり、加湿器をつくっているだけならIDICもオランジュリも私たちには必要がないのです。

15

16

15　解体される運命にあった1919年建設の第一銀行熊本支店（設計／西村好時）をオフィス＋イベントスペースとして2011年にエコリノベーションしたPSオランジュリ
16　熊本の坪井川沿いに建つPSオランジュリは歴史的建造物として1998年に国の有形文化財に登録された。

	17	
18	19	

17 PSオランジュリ内部。寒さのために吊り天井でふさがれていた空間は竣工当時に戻され、レンガ造の中にS造の櫓を組み込むことで大空間が活かされている。

18 広々として2階のオフィス空間。巨大な円柱に見えるのは銅製の放射冷暖房除湿コイルPS［+C］。

19 PSオランジュリの機械室。年間20~22℃の地下水が水冷式ヒートポンプチラー3台を介してPS HR-Cに利用されている。高い冷水温、低い温水温を連続運転することで、極めて小さな熱源で室内気候を制御している。

20 PSオランジュリの夏・冬の室内気候デザイン

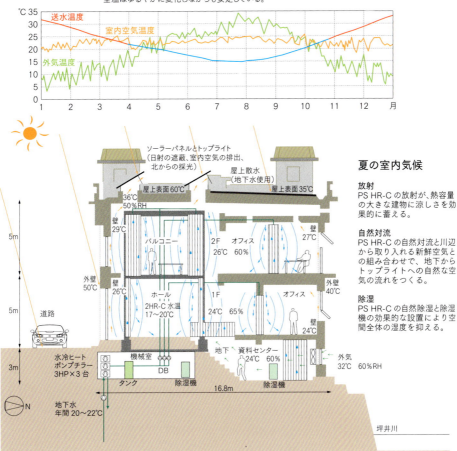

熊本の気候とPS HR-Cの送水温度
大きな外気温度の変動に対して、壁面の温度が安定しているので、室温はゆるやかに変化しながらも安定している。

夏の室内気候

放射
PS HR-Cの放射が、熱容量の大きな建物に涼しさを効果的に蓄える。

自然対流
PS HR-Cの自然対流と川辺から取り入れる新鮮空気との組み合わせで、地下からトップライトへの自然な空気の流れをつくる。

除湿
PS HR-Cの自然除湿と除湿機の効果的な設置により空間全体の湿度を抑える。

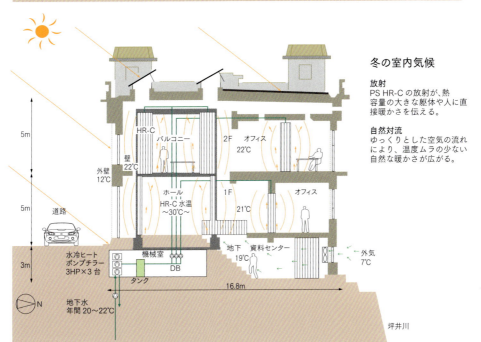

冬の室内気候

放射
PS HR-Cの放射が、熱容量の大きな躯体や人に直接暖かさを伝える。

自然対流
ゆっくりとした空気の流れにより、温度ムラの少ない自然な暖かさが広がる。

ピーエスの理念を支えるクリマデザイン

平山武久　HIRAYAMA Takehisa

快適性のコンセプト——自然＋PS

「クリマデザイン」は快適の定義を変える21世紀のパラダイムである。気候変動、エネルギー事情、高齢化、社会が変化し、健康への意識、時間の価値がますます高まる中、人間はこれまで以上に心身が自由に活き活きと活動できる場を欲し、それを少ないエネルギーでつくり出すことが、これからの課題である。建築家が気候を上手に取り入れた建築をつくるように、ピーエスの仕事はラジエーターや加湿器を通して、クリマデザインの可能性を広げていくことである。

ピーエスは1990年頃からクリマデザインされた空間を、「第二の自然、活動空間」という言葉で表現している。「〇〇の秋」というように、秋のように暖かさと清々しさが入り混じる心地よい季節には活動する意欲が湧いてくる、という感覚は誰もが経験していることであろう。そのような自然のままの快適性を室内につくり出すことで、空間の価値が高まるという思いを持って活動している。また、2013年には新たに「自然＋PS」のロゴマークを定めた [figure1]。これは、私たちが考える快適性のコンセプトをより明確化しようとしたものであり、これから深く探求していきたいテーマでもある。

クリマとは気候のことであるが、そのなかでも私たちが注視しているのは、日々刻々と変化する自然の様子であり、その変化を尊重したデザインを探求している。この考え方の方向付けがなされたのは、PS IDICを建設した1992年前後からである。この頃から、私たちは変化する気候、自然に応じて運転がしやすいシステムは省エネルギーを実現でき、それによりつくられる室内の快適性も同時に高まるであろうと考えるようになったのである。

私たちは一般的な慣習とは異なる方法で、快適を追求していきたい。クリマデザインの解はいくつもあり、その地域の気候を最大限に享受し、活動の内容に合わせたクリマデザインがある空間では、室内にいながら素晴らしい季節を味わうことができるのである。そのためには、これまでの慣習に囚われず、自然を上手に活用することが不可欠である。

ピーエスの企業コンセプト
「PS+自然」ロゴマーク

クリマデザインに求められる穏やかな変化

快適な環境とは？と思いを巡らすとき、気候の変化をダイレクトに受け、温度変化の激しい環境しか知らずに生活しているうちは、"一定"の環境、"均一"の環境がほしいと口にしてしまいがちだが、その真意はカラダを自由に動かすことのできる環境を指しているのではないだろうか。今この時を充実したものにするために、次の活動に向かうコンディションを整えるために。

けれど、本当に均一な環境というのは、心地よいものでなく、身体の調子を損ねるものとなる。私たちは決して一定や均一な環境を追求しているわけではない。

私たちが考えるクリマデザイン、そして「自然＋PS」の空間は、自然の変化を受け入れた、緩やかな変化のある環境である。森の中を歩く時、涼しさと暖かさと、木漏れ日と日陰とを、歩く速度で移ろいゆくのを心地よいと感じる、あの感覚を日常の活動空間の中につくりだすことである。

クリマデザインを考える時、そこに自然を求める時、快適のファクターは温度や湿度や気流感など肌で感じることに留まらず、森林浴で得られるような新鮮な空気や、音や香りという目には見えない感覚も対象となる。

1980年代にスイスのある企業を訪問した際、待ち合わせの相手を待っていたその空間は、音楽が流れているわけでもないのだが、心地よい調べを聴いているかのような感覚に陥った。その理由が静けさであることを後になって気付いたのである。そこには空調・換気などの耳障りな低周波音が全くなかった。工場の中にも静けさがあり、作業員が聞いているラジカセの音が、心地よく聞こえたことを覚えている。自然の中で、川が流れる音、鳥のさえずり、花の香りを感じ、それを心地よいと感じるのと同様のことである。ラジエーターを使いクリマデザインされた空間では、自然な静けさの中で、出したい音を聴くことができるのである。このようなことは、ラジエーター（PS HR-C）の存在なくして実現できないのである。

低温放射という解

エネルギーの面からも注目されているクリマデザイン。一番のソリューションは、その季節、気候、その時に一番あった大きさの熱源、加湿器、ヒートポンプ、そういうものをどのように選択するかということである。従来からのピーク時で負荷計算し選定する手法とは全く違う発想であるため、一日の変化と呼応する方法はこれから手探りで見つけていくことになる。

私たちが除湿型放射冷暖房 PS HR-C の開発を

通し、快適性と経済性を両立させる方法を探求してきた中で見出した一つの解は、ラジエーターの表面積を大きくとり、できるだけ穏やかな温度の冷水・温水を循環させるということであった。冬に30℃近辺の送水温度で運転が可能な放射面積があれば、「自然＋PS」という考えに基づく快適な環境を体感することができるのである。

　人の気配を感じるように、少し温度の違う、壁、パーティション、間仕切りを通ったとき、カラダはその熱に感応し、無意識に活性化するのを感じる。外が変化しようともそれほど室内の環境に影響しない。いつもより少し寒い日には夜も深まり外気温が下がってきたことを感じる。その変化は活動に支障をきたすものではなく、むしろ愉みとも言える適度な刺激となる。そういう環境で生活していると、寒くなったからと試しにいつもより2〜3度高い温水を流して感じるのは外の変化が感じにくくなるということだ。

　ラジエーターの表面に触れたとき、自分の手の温度より低く感じるくらいの温度で暖房するという中では、環境を制御することを考えることすら必要なくなるのである。

自然への気付きを高める

　クリマデザインは、エンドユーザーと設計者とがディスカッションしながらつくり上げていくものである。そこに参加する一人一人が、クリマデザインのための感度を上げていく必要がある。それは特別なことではなく、日常の中で自然を感じとる力、自然への気付きを高めるために、意識して身の回りのことを感じようとする行為を積み重ねていくことに他ならない。

　例えば、毎日美味しいお米を食べ、その味に注意を向けている人は、お米の味に敏感になる。それと同様に、いつも自然に新鮮空気を取り込める環境の中で活動することで、空気の質に対する感覚が敏感になっていくのである。温度や湿度についても、毎日の温度、湿度の変化をグラフで見ると、朝昼晩の温度の変化はもちろん、1日の中で湿度が大きな幅を持って動いていることがわかる。それを日々カラダでどのように感じているのか意識的になること、その自然の動きをどのように活かしていくかに創造力を働かせることが必要である。

クリマデザインの意義

　最後にPS HR-Cを導入された方のお話をいくつか紹介しよう。ある施設の方は、暑さや寒さに煩わされず一年中快適に過ごせるようになることで、逆にそれが季節を感じられなくなることに繋

がるのではと心配されていたのだが、結果はその反対であった。むしろ季節を敏感に感じとるようになったとお話しされている。ご自宅に採用された方は、気分転換のためにどこかに出かけようとすることよりも、静けさと清々しさのあるご自宅で過ごされる時間が何よりも贅沢だと思うようになったと言う。また、あるお客様には、多忙な毎日の中、短い時間でも質の高い眠りがほしいという理由で、ご採用いただいた。

　クリマデザインは空間と時間の価値を高め、そこでの活動を充実したものにするのはもちろんのこと、その空間で英気を養い、コンディションを整えることで、外での活動の質にも影響を与えるものである。

　高齢者施設であろうと、幼稚園であろうと、住宅であろうと、図書館やスポーツ施設であろうと、クリマデザインされた空間には生き生きとした営みがあり、それぞれのライフスタイル、文化が育まれ、これまでよりも豊かな時間が生み出される。そして、「第一の自然」の暑さや寒さの中で、その季節ならではのことをするにも、それまで以上に能動的、躍動的な日々を送ることができると信じている。クリマデザインの意義はまさにそこにある。

あとがき

　本書は、環境工学者である村上周三先生とピーエス株式会社の平山敏雄会長の発案から始まった。「環境の世紀」と呼ばれる21世紀を迎え、これまでの20世紀型の思考を超えて、あるべき室内外環境について考え直していかねばならない、そしてそれを広く発信していく必要があるとの趣旨から、これからの室内外環境についての書籍をつくろうということとなったものである。

　2014年の春から、先述の村上周三先生に、ピーエスの平山武久社長、編集者である真鍋弘氏、そして私（小泉雅生）を中心メンバーに、「クリマデザイン研究会」と称して、室内外の環境制御に関わる広範な議論をスタートさせた。その研究会の成果をまとめたのが本書である。

　議論を行うなかで、取り扱う内容は建築の話にとどまらず食や美容へと、対象も人間だけでなく野菜や動物にまで、思いもかけず拡がっていった。地理的にも、取材やインタビューの範囲は北海道から、京都・名古屋・熊本へと広域にわたった。そういった広範な研究会での取材・研究活動を通じて見えてきたのは、ここで私たちが議論していることは、単に環境設備システムや建築デザインのことだけではなく、ライフスタイル・人生観や社会・文化のあり方にまでつながるということであった。そこで、少し上段に構えて「新しい環境文化のかたち」という副題を付した。ちょっと大げさなのではと思われるかも知れないが、本書をきっかけに、これからの社会のあり方、ライフスタイルといったものについて思索していただければ幸いである。

　研究会の成果として本書をまとめたかたちになるが、まだまだ拡がりがあるテーマだと感じている。ここには掲載しきれなかったが、ほかに興味深い事例や活動もたくさんある。今後継続して、発展的に、より広く、そしてより深く探っていければと願っている。

　最後に、研究会の委員として、ピーエスの設立55周年のタイミングにあわせて（実は、55周年には少し間に合わなかったのだが）、このようなかたちで書籍としてまとめる機会が与えられたことを感謝したい。

2016年5月

小泉雅生

執筆者

村上周三（むらかみ・しゅうぞう）　環境工学者。一般財団法人建築環境・省エネルギー機構理事長。東京大学名誉教授

隈　研吾（くま・けんご）　建築家。隈研吾建築都市設計事務所主宰。東京大学教授

岩村和夫（いわむら・かずお）　建築家。岩村アトリエ主宰

小泉雅生（こいずみ・まさお）　建築家。小泉アトリエ主宰。首都大学東京教授

金子尚志（かねこ・なおし）　建築家。エステック計画研究所

伊藤教子（いとう・のりこ）　設備設計一級建築士。ZO設計室

Hans-Peter Zehnder（ハンス・ピーター・ツェンダー）　Zehnder Group AG取締役会長

斉藤雅也（さいとう・まさや）　建築環境学者。札幌市立大学准教授

岩元真明（いわもと・まさあき）　建築家。首都大学東京特任助教

荻原廣高（おぎはら・ひろたか）　環境設備エンジニア。オーブ・アラップ・アンド・パートナーズ・インターナショナル・リミテッド

西沢邦浩（にしざわ・くにひろ）　「日経ヘルス」プロデューサー

平山武久（ひらやま・たけひさ）　ピーエス株式会社代表取締役

写真撮影・図版提供

北田英治　表紙、p.2～9、17、41、77、83上、86上～
87、93、110～111、114～115、117、134～139、159、
167、168、171下、173～176、181～182、188、192
真鍋弘　p.21左・右～22上・中、44、171上
岩村和夫　p.28～38
小泉雅生　p.43、45上、49、54左・右
朝日新聞社　p.45下
鳥村鋼一　p.48上・下
三沢博昭　p.52上・下、78上
金子尚志　p.62～63上、66左・右
さとうつねお　p.80
岩為　p.84上・右下
門馬金昭　p.85左下・右下
坂口裕康　p.88上・下
Hans-Peter Zehnder　p.90～92

斉藤雅也　p.94～95、97、99、101、103、108～109、113
新建築写真部　p.96左上・下、156上・下
山下設計　p.96右上
宇佐美智和子　p.104上
藤塚光政　p.106上・下
アーブ建築研究所　p.107
norsk　p.118、120、121、123～125
岩元真明　p.127、129、132
大木宏之　p.130～131、133
ARUP　p.140上、144～145、147上・下
SUPPOSE DESIGN OFFICE　p.140下、141～143、146
菅沼薫　p.149、150
阿部建設　p.162、165
ピーエス　p.179、183～184

図版出典・参考文献

Reyner Banham "The Architecture of the Well-tempered Environment", The University of Chikago Press. 1984　p.19上

『自立循環型住宅への設計ガイドライン』（財）建築環境・省エネルギー機構、2005　p.47下

竹中工務店設計部『環境と共生する住宅「聴竹居」実測図集』、彰国社、2001　p.53

Mats Egelius "Ralph Erskine, architect", 1990　p.55

Paul Oliver "DWELLING The House across the World". Oxford,1987　p.63中、64左上

Yuan. L. J. The Malay House: Rediscovering Malaysia's Indigenous Shelter System Institute masyarakat: Penang, 1987　p.63下

荒谷登「二つの庭──関西・町屋の涼しさの謎を解く」solar cat no.36　p.68

Victor Olgyay "Design with Climate" Priceton. edu, 2015　p.72、98

Herbert Jacobs "Building with Frank Lloyd Wright", 1986　p.76

堀越哲美「日本の床暖房のパイオニアたち」、solar cat no.33　p.78

奥村昭雄・平尾寛・野沢正光「住宅と床暖房　吉村順三にみる試行とその変遷」、solar cat no.33　p.81

「再見・日本のエコロジカルハウス──環境制御技術の30年」、solar cat no.35　p.83下

奥村昭雄「OMソーラーの目指すもの──その原型はいかに生まれたか」、solar cat no.30　p.85

野沢正光『住宅は骨と皮とマシンからできている』、百の知恵双書２、農文協　p.86

特集「北国に学ぶ暖かい住宅」、建築知識87年1月号　p.88

宇佐美智和子「アイヌの伝統民家チセ」、solar cat no.37　p.104

圓山彬雄「粘る建築」、Architecture & Culture ロングラン・エッセイ95、リブラン北海道、vol.110　p.105

クリマデザイン
新しい環境文化のかたち

発行：2016年6月15日　第1刷発行

編著者　村上周三＋小泉雅生　クリマデザイン研究会
発行者　坪内文生
発行所　鹿島出版会
　　　　〒104-0028　東京都中央区八重洲2丁目5番14号
　　　　電話 03-6202-5200　振替 00160-2-180883
印刷・製本　東京印書館

©Shuzo Murakami, Masao Koizumi,
Research Committee on Clima Design, 2016

ISBN978-4-306-04640-5　C3052
Printed in Japan

落丁・乱丁本はお取替えいたします。
本書の無断複製（コピー）は著作権法上での例外を除き禁じられております。
また、代行業者などに依頼してスキャンやデジタル化することは、
たとえ個人や家庭内の利用を目的とする場合でも著作権法違反です。

本書の内容に関するご意見・ご感想は下記までお寄せください。
URL　http://www.kajima-publishing.co.jp
E-mail　info@kajima-publishing.co.jp

編集・制作──真鍋弘◎ライフフィールド研究所
ブックデザイン──堀渕伸治◎tee graphics